666

Bernd Wieland (Hrsg.)

Youngtimer – Klassiker der Wilden 70-er

Bernd Wieland

Youngtimer

Klassiker der Wilden 70-er

Motor Klassik

Motor buch Verlag

Einbandgestaltung: Andreas Pflaum

Bildnachweis: Achim Hartmann, Uli Jooß, Wilhelm Mierendorf, Reinhard Mutschler, Reinhard Schmid, H. D. Seufert, Michel de Vries

ISBN 3-613-02109-9

1. Auflage 2001

Lektorat: Joachim Kuch
Innengestaltung: Marit Wolff
Reproduktionen: Fotolito Longo AG, I–39100 Bozen
Druck und Bindung: Fotolito Longo AG, I–39100 Bozen
Printed in Italy.

Inhaltsverzeichnis

Vorwort

▶ **Bernd Wieland**

Es war die Zeit der Schlaghosen, der bunten Pril-Blumen, des Afri-Cola-Rauschs und der braunen Cordsamt-Sofas: Die tollen Siebziger haben längst ihr Revival erlebt. Auch die Autos dieser wilden Jahre gelten heute schon bei vielen als Sammlerstücke. Modelle wie Mercedes Strichacht, BMW 2002 oder Ford Escort, die in den Siebzigern das Straßenbild prägten, bleiben immer öfter von der Schrottpresse verschont. Kein Wunder, wecken sie doch bei vielen liebenswerte Kindheitserinnerungen.

Ich selbst habe auf dem Rücksitz eines Opel Rekord C, der bis weit in die Siebziger hinein zum Stadtbild gehörte, schöne Stunden meiner Jugend verbracht. Mein Vater fuhr einen beigen Zweitürer als Dienstwagen. Es war die Zeit, als mein Autogeschmack geprägt wurde, und das geht vielen Menschen so.

Deshalb erregt ein alter Rekord heute auf der Straße bei weitem mehr Aufsehen als ein neuer Porsche. Und das Schöne daran ist, dass sich die Betrachter fast ausnahmslos freuen. Hochgereckte Daumen und Lachen sind noch die mildesten Reaktionen, wenn man mit einem solchen Youngtimer unterwegs ist. Stellt man das Auto ab, wird es oft von mehr Schaulustigen umringt als ein roter Ferrari.

Es ist vielleicht der Zeitmaschinen-Effekt, den ein solcher Youngtimer aus den Siebzigern in gutem Zustand hervorruft. Es ist ein Zeitanker, der in der hektischen heutigen Zeit irgendwie beruhigend wirkt. Und Youngtimer haben für den Besitzer den großen Vorteil, dass man sie auch heute im Alltag mit vielen Vorteilen benutzen kann.

Im Betriebskosten-Vergleich mit einem Neuwagen schneiden Youngtimer überraschend günstig ab. Denn sie lassen sich ab einem Alter von 20 Jahren extrem günstig versichern, kosten mit roter Oldtimernummer ganze 375 Mark Steuer im Jahr und unterliegen nur noch geringem Wertverlust. Damit läßt sich ein dickes Polster für eventuelle Reparaturen bilden.

Selbst die Wartung eines Youngtimers ist nicht immer kostspieliger. Die Angst vor übermäßigen technischen Problemen ist schon deshalb unbegründet, weil ein Youngtimer in der Regel einfacher aufgebaut ist als ein modernes Auto. Anstatt Elektronikteile für viel Geld auszutauschen, lassen sich Youngtimer oft mit weniger Aufwand und ohne teures Spezialwerkzeug instandsetzen.

Wer mit einem Youngtimer fährt, kommt vielleicht etwas später an. Aber er verliert keine Zeit. Im Gegenteil: Er gewinnt Zeit, weil er sich bewußt Zeit nimmt. Ein Youngtimer schärft die Sinne, ersetzt Tempo durch Tiefgang.

In diesem Buch habe ich für Sie die schönsten Youngtimer-Geschichten aus dem Oldtimermagazin Motor Klassik zusammengestellt, mit vielen neuen Bildern, aktualisierten Daten und Clubadressen. Ich wünsche Ihnen viel Spaß beim Lesen und hoffe, dass Sie zu derselben Erkenntnis kommen wie der Oldiefan und Werbeprofi Jochen Pläcking, Chef der großen Werbeagentur DDB Needham: »Ein Klassiker hat einen hohen Schmusewert.«

M-PU 8457

1965

BMW CS-Coupés

Münchner Freiheit

Für BMW, die einstige Krisenmarke, war die elegante CS-Reihe ein Stück wiedergefundenes Selbstbewusstsein. Ihre feinfühlige Balance aus Kraft und Kultur machte sie zur guten Wahl in der Oberklasse.

Der Patient kam aus bestem Haus, neigte aber zum Kränkeln. Zweimal hatte er die Karriere vom Millionär zum Tellerwäscher hinter sich, einmal nach dem Krieg, das zweite Mal gegen Ende der fetten fünfziger Jahre. Jetzt war er reif für die Sitzung beim Seelenkundler.

Und so beauftragte BMW zu Beginn der sechziger Jahre den Mannheimer Psychologieprofessor Dr. Bernt Spiegel, jenes Marketingkonzept zu entwerfen, das der maladen Marke den atemlosen Aufstieg in den Auto-Olymp sicherte. Das Credo des Psychologen: jeder Markt hat seine unentdeckten Lücken – und der legendäre BMW-Chefverkäufer Paul Hahnemann peilte sie mit solcher Wendigkeit an, dass ihm Franz-Josef Strauß persönlich den Spitznamen »Nischen-Paule« anhängte wie einen königlich-bayerischen Verdienstorden.

Wie groß die Nischen waren, zeigten zuerst die Limousinen der neuen Klasse und dann die 02-Modelle: Sie machten Tausende von Familienvätern zum besten Freund ihrer Kreditsachbearbeiter. Aber auch die Premium-Klasse mischte BMW gegen Ende der sechziger Jahre nach Kräften auf: Die CS-Coupés köderten Käufer, wo bisher die Porsche- und Mercedes-Händler ihre Kontingente wie Auto-Verteiler verwaltet hatten.

Dabei war BMW-Chefverkäufer Hahnemann, für rigoroses Auftreten und seine raubauzigen Sprüche bekannt, keineswegs zurückhaltend, als es um die Preisfindung der Spitzenmodelle ging: Als erstes Auto der Marke seit dem glücklosen 503 durcheilte der 3.0 CSi im Frühjahr 1972 die magische 30 000 Mark-Grenze. Für das gleiche Geld lieferte Mercedes ein 280 SE-Coupé, und Porsche-Händler trennten sich von einem 911 S, der 230 lief und nach siebeneinhalb Sekunden die 100 km/h-Grenze durchschossen hatte. In dieser Gesellschaft, fragten damals die Skeptiker, sollte sich die Freude am Fahren noch steigern lassen?

Historie

▶ 1965

debütieren die Modelle 2000 C und 2000 CS auf der IAA. Aus Kapazitätsgründen lässt BMW die Vierzylinder-Coupés bei Karmann bauen – es ist der Beginn einer Zusammenarbeit, die erst 1989, mit den letzten 635 CSi, endet.

▶ 1968

erscheint der 2800 CS mit Sechszylindermotor und verlängertem Bug. Seine Doppelscheinwerfer sind im Einkauf übrigens 180 Mark billiger als die »Schlitzaugen« des 2000 CS.

▶ 1971

schiebt BMW zwei kräftigere CS-Versionen und das Leichtbau-Coupé CSL nach. Im April 1971 erscheint der 3.0 CS mit 180 PS, im September der 3.0 CSi mit 200 PS und elektronischer Benzineinspritzung. Der CSL, als Rennsport-Basis gedacht, wiegt 200 Kilogramm weniger als das Serien-Coupé und erhält den 180 PS-Motor des CS. Allen drei Modellen spendiert BMW Scheibenbremsen an der Hinterachse.

▶ 1972

gründet BMW die Motorsport GmbH und überlässt die CSL-Renneinsätze nicht länger Tunern und Privatiers: Auf der Rundstrecke treten die Coupés mit Fahrern wie Niki Lauda und Hans-Joachim Stuck gegen Fords furiosen Capri an.

▶ 1973

fährt der Motorsport-CSL die Tourenwagen-Europameisterschaft ein. Den Renn- und den Zivilversionen wachsen Front- und Heckspoiler (Volksmund: »Batmobile«).

▶ 1974

Als Reaktion auf die Ölkrise lanciert BMW den 2.5 CS mit 150 PS und Stahlfelgen.

▶ 1975

Im Dezember endet die Produktion.

▶ Graziler Stil, aber Dampf ohne Ende – es war eine rundum glückliche Beziehung.

Vielen CS-Piloten war das Lenkrad zu groß: Nachträglich sorgten oft kleinere Ledervolants für das konkrete Griff-Gefühl.

Leder, Chrom und Holz – der CS lebte bis zuletzt in den Geschmackswelten der frühen Sechziger.

BMW baute zwischen 1968 und 1975 rund 30 000 CS-Coupés, und das Geheimnis dieses Erfolgs tippte auto motor und sport-Tester Manfred Jantke im Sommer 1971 dem 3.0 CS ins Stammbuch: »Zur Sportlichkeit, die der feine Mann heute so schätzt, bietet dieses Auto den Platz, den Komfort und die Seriosität, die er nicht mehr missen möchte.«

Diese Balance aus Kraft und Kultur ist es, die den CS-Coupés nicht nur ihre Marktnische, sondern auch die Widerstandsfähigkeit gegen alle Modeströmungen sicherte. Heute wirkt der grazile Körper des Coupés nicht nur zeitlos, sondern fast wie ein Monument der Geschmackssicherheit.

Vergeblich tastet das Auge des Betrachters nach stilistischen Patzern: Es streift die vorderen Doppelscheinwerfer, die vielleicht einen Hauch zu weit aus der Kühlermaske hervorstehen, und registriert die filigrane Linie des Dachpavillons, die schlanke A-Säule, die rahmenlosen Scheiben und den charakteristischen Knick in der C-Säule – ein Design-Merkmal, das sich als BMW-Bonbon in die Annalen schlich. Beim 3,2-Liter-Bertone-CS war es 1961 zum ersten Mal aufgetaucht, auch das 2000 CS-Coupé ließ sich mit dem Gegenschwung im Dach sehen.

Dieses erste aller neuen CS-Coupés parkte auf der 1965-er IAA. Es rollte mit üppigem Anspruch, aber lauer Nachfrage in die BMW-Salons: Mit seinem Vierzylindermotor aus der Limousine sollte der 2000er nicht nur den achtzylindrigen 3200 CS beerben, seine Väter sahen ihn obendrein als legitimen Nachfolger des Vorkriegs-327 – das konnte nicht gut gehen. Dazu blickte er seine Piloten aus eigenartig abgeschrägten Breitband-Scheinwerfern an, für die der BMW-Werksjargon bald das böse Wort »Schlitzaugen« geprägt hatte.

BMW-Hausdesigner Hofmeister hätte seinen halbgaren Coupé-Entwurf am liebsten ins Museum rollen lassen – als ein Nachfolger mit sechs Zylindern ins Gespräch kam, präsentierte er dem Vorstand eine neue Kreation mit Schlafaugen und Fastback. Gleichzeitig schickten Bertone und Frua ihre Kreationen nach München, wo alle drei am Veto der Teppichetage scheiterten: Die Linie des CS solle, so entschloss das Gremium, mit verlängertem Bug am Leben bleiben.

Hofmeister soll die Entscheidung nicht gemocht haben. Heutige Fans der Marke schätzen dagegen um so mehr, dass BMW seinen High-Tech-Sechszylinder im subtilen Stil der sechziger Jahre verpackte.

Der Spagat zwischen Gestern und Morgen beginnt bei den Werkstoffen der Karosserie: Sparsam, aber unübersehbar tragen frühe Dreiliter-Coupés schon jenes matte Kunststoff-Schwarz, das zu Beginn der siebziger Jahre zur volkstümlichen Chiffre für Sportlichkeit wurde – zum Beispiel am Kühlergrill und an den seitlichen Lufteinlässen der Karosserie, die wie beim heutigen Z3 nur Attrappen sind. Gleichzeitig durften noch einmal die Galvanikbäder auf höchster Stufe brodeln: Selbst auf

Alufelgen mit Chromdeckel gab es serienmäßig, das Lufteinlassgitter ist nur Attrappe.

Kokett verchromt, aber unpraktisch im Alltag: Die Aschenbecher sitzen an den Türverkleidungen.

den serienmäßigen Alufelgen des CS sitzt ein koketter Chromdeckel mit BMW-Emblem wie ein Feigenblatt für Traditionalisten, und die verchromten Scheibenwischerarme blendeten Fahrer des Edel-Coupés noch bis 1973, dem vorletzten Modelljahr, in der Sonne.

Nach dem Öffnen der Fahrertür erfreuen den CS-Piloten die vollverchromte B-Säulen-Verkleidung und die ebenfalls eloxierte Einstiegsleiste, die glitzernden Flanken der Liegesitzbeschläge und allein vier Chromleisten an der Türverkleidung. Zuvor freilich muss er sich mit den Türschlössern des Flaggschiffs abmühen: Nur unter Gewaltandrohung lasse sich der Schlüssel in seiner Öffnung drehen, monierten damalige Tester. BMW-Chefverkäufer Hahnemann startete Ende der sechziger Jahre zu einer mehrtägigen Dienstreise, ohne die Wäsche wechseln zu können: Das Kofferraumschloss klemmte.

Heutige BMW-Neulinge vermuten, den falschen Schlüssel in der Hand zu haben. Zu modern wirkt er mit seinen runden Einkerbungen auf beiden Seiten – dabei verwies BMW damals stolz auf das neuartige System, das zuvor nur der Mercedes 600 zu bieten hatte. 12 000 verschiedene Kombinationen waren alleine für das Zündschloss möglich, brüsteten sich die Bayern.

Exakt zwei Varianten gab es für die Sitzbezüge des CS: Feinvelours oder, gegen Mehrpreis, echtes Leder. Es ist

Die beiden Peilkanten am Heck helfen beim Rangieren – der CS ist ein übersichtliches Auto.

Der längere Bug ließ diesen CS viel eleganter wirken als seinen Vorgänger.

▶ Wie Amerikas Hardtop-Coupés: rahmenlose Scheiben, keine B-Säule.

von der angenehm festen Art, die man von Couchgarnituren im skandinavischen Stil kennt, wie sie Ende der sechziger Jahre in vielen besseren Wohnzimmern standen.

Selbst die Armaturen erinnern mehr an gediegene Wohnraumarchitektur als an die progressiven Cockpits, mit denen BMW in den Siebzigern seine Kunden einzumauern begann: Das Holzfurnier zitiert die virulente Teak-Mode jener Jahre, das leichte Layout der Armaturentafel mit ihrem Zierstreifen aus mattiertem Alu erinnert an die gleichaltrigen Design-Klassiker des Stereo-Pioniers Braun.

Ein Design-Denkmal eigener Art ist der Schaltknüppel mit seinem schlanken Lederknauf und dem glänzenden BMW-Emblem. Er ist etwa so hoch wie ein Geodreieck und wächst so beziehungsreich aus einem knappen Ledersäckchen mit metallenem Reißverschluss, dass die Erinnerung an die damals modischen Lederminis nicht allzu viel Phantasie verschleißt.

Gewisse Phantasien regte der CS damals scheinbar hochtourig an. »Eine aggressivere, männlich härtere Eleganz« glaubte BMW-Direktor Helmut Werner Bönsch in der zehn Zentimeter verlängerten CS-Schnauze zu sehen und orakelte, mit Seitenblick auf den neu entwickelten 2,8 Liter-Motor, die Presse werde »versucht sein, Sechszylinder mit x zu schreiben«.

»Ein großer BMW als Aphrodisiakum«, echote prompt das Wirtschaftsmagazin *Capital:* »Ein Dorn im Auge abgeschlaffter Mercedes-Muffel, so sinnlich schön und doll potent – BMW hilft dem Vater am Lenkrad.«

Der Versuch des Nacherlebens führt tatsächlich nicht am Volant vorbei: Ungewöhnlich groß und dürr ist es und dabei den Beinen hochgewachsener Fahrer im Weg. Die einzig mögliche Sitzposition finden sie mit voll ausgestreckten Armen – was freilich zum dynamischen Charakter der CS-Klasse passt, deren früheste Leistungsstufe bereits 170 PS aus 2,8 Liter Hubraum schöpfte.

Schon diese Basismotorisierung, zeitgleich in den E3-Limousinen zu finden, ermöglichte Fahrerlebnisse der großzügigeren Art: 206 km/h lief ein 2800 CS, er beschleunigte in zehn Sekunden von null auf 100. Der 3.0 CSi konnte es noch einen Atemzug schneller – er tat das mit solcher Beiläufigkeit, dass die Testdaten zur trockenen Buchhalterphantasie zerstoben. »Man war stets schneller, als man dachte«, freute sich *auto motor und sport*-Autor Reinhard Seiffert.

Er hatte recht, selbst aus heutiger Sicht. Weder der Drehfreude noch der Elastizität eines Sechszylinder-CS scheinen Grenzen gesetzt zu sein. Wer es darauf anlegt, legt bei 45 km/h und etwa 1500 Touren den vierten Gang ein, um ruckfrei hoch zu beschleunigen, oder lässt bis 160 den dritten drin, ohne dem Gefühl zu erliegen, der Reihenmotor könne in irgendeiner Lebenslage aufhören, seidigen Dampf im Überfluss zu servieren.

Dabei outet sich der betagte High-Tech-Klotz als aufgeräumter Charakter, den nichts auf der Welt um seine Contenance bringen könnte. Er dreht und dreht, ohne sich mit Schwachheiten wie hysterischer Aussprache oder aufgeregtem Vibrato zu befassen – ein Verdienst jener ausgeklügelten Brennraumform, die BMW einst als »Dreikugel-Wirbelwanne« beschrieb, und der siebenfach gelagerten, mit zwölf Gegengewichten gewuchteten Kurbelwelle der Neukonstruktion.

Mit diesem Sechszylindermotor, intern M 30 genannt, zementierte BMW nicht allein die Legende vom hauseigenen Turbinensound, sondern schuf auch einen Motoren-Mythos mit ewigem Leben: Bis in den Herbst 1995 bauten die Bayern das natürlich längst mit Vierventilkopf veredelte Triebwerk, in ihre M5-Modelle ein.

So wird vielleicht noch ein wenig klarer, warum das Dreiliter-Coupé selbst im heutigen Alltagsverkehr nicht wirklich alt wirkt, sondern – ganz im Gegenteil – dazu neigt, seinem Fahrer den süßen Wahnsinn der Bleifuß-Ära ins Hirn zu träufeln: Noch als Auto-Greis verführt er zum Auskosten seines breiten Grenzbereichs, der das einstige Flaggschiff als gut beherrschbaren Übersteurer outet. Zeitzeugen behaupten von rasch bewegten BMW dieser Dekade, an den Seitenscheiben zerplatzten mehr Fliegen als an der Windschutzscheibe.

Seine überraschend direkte Servolenkung, die kurzen Schaltwege, die präzisen Bremsen und elektrischen Fensterheber als Serien-Feature nähren den Eindruck des Autos, das sich mit neuzeitlicher Leichtigkeit dirigieren lässt, bis zur Abrechnung an der nächsten Zapfsäule: Zwölf Liter sind möglich, wenn auch als Resultat schamhaft unterdrückter Driftwinkel.

Auf der anderen Seite gibt es sie, diese kleinen Unzulänglichkeiten, die zusammen mit der teakfarbenen Heimeligkeit seines Cockpits jeden Verdacht technokratischer Kühle zerstäuben: Natürlich, der Wind hat durch die rahmenlosen Seitenscheiben noch jedem CS-Fahrer ein Lied erzählt. Sicher, eine Karosserie ohne B-Säule ist zwangsläufig nicht die steifste im Land. Bestimmt, es existieren elegantere Gurtsysteme als die Plastikösen hinter den Sitzen. Wie begehrenswert es heute scheint, seine Fehler zu mögen: An der Schwelle zur Neuzeit lebte der CS als High-Tech-Auto mit großem Herz und feiner Seele. Auch wenn Marketing-Professor Spiegel wohl etwas anderes meinte als heutige BMW-Euphoriker: Aus ihrer Sicht hat sich der Weg des Technologiekonzerns zum Psychologen gelohnt.

Text: Christian Steiger
Fotos: Reinhard Schmid

BMW 2800 CS (abweichende Daten für 3.0 CS, CSi, CSL und 2.5 CS in Klammern)

Motor

Sechszylinder-Reihenmotor, längs eingebaut, Bohrung x Hub 86 x 80 mm, Hubraum 2788 cm³, Verdichtung 9:1, Leistung 170 PS bei 6000/min, max. Drehmoment 24,0 mkp bei 3700/min, eine obenliegende Nockenwelle, über Kette angetrieben, V-förmig hängende Ventile, über Kipphebel betätigt, siebenfach gelagerte Kurbelwelle, Wasserkühlung mit Pumpe/Thermostat, Gemischaufbereitung durch zwei Solex-Registervergaser 35/40 INAT, Batterie 12 V 55 Ah (3.0 CS: wie 2800 CS, aber Bohrung x Hub 89 x 90 mm, Hubraum 2985 cm³, Leistung 180 PS bei 6000/min, max. Drehm. 2610 mkp bei 3700/min; 3.0 Csi: wie 3.0 CS, aber Verdichtung 9,5:1, Leistung 200 PS bei 5500/min, max. Drehmoment 27,7 mkp bei 4300/min, Gemischaufbereitung durch elektronische Bosch-Einspritzanlage; 2.5 CS: wie 2800 CS, aber Bohrung x Hub 86 x 71,6 mm, Hubraum 2494 cm³, Leistung 150 PS bei 6000/min, max. Drehm. 21,5 mkp bei 3700/ min, Gemischaufbereitung durch zwei Solex-Fallstromvergaser 32/40 INAT)

Kraftübertragung

Hinterradantrieb, Einscheiben-Trockenkupplung, Vierganggetriebe, Übersetzungen: I. 3,85, II. 2,20, III. 1,40, IV. 1,0, R. 4,13, Achse 3,45 (3.0 CSi und CSL: 3,25; 2.5 CS: 3,64)

Karosserie/Fahrwerk

Selbsttragende Karosserie, vorne Einzelradaufhängung an Querlenkern, Federbeinen und Schubstreben, hinten Einzelradaufhängung an Schräglenkern und Schraubenfedern, vorne und hinten hydraulische Teleskopstoßdämpfer, Kugelumlauflenkung mit Servounterstützung, vorne Scheiben-, hinten Trommelbremsen (ab 3.0 CS: vier Scheibenbremsen), Felgen 6 J x 14 (CSL-Modelle: 7 J x 14), Reifen 195/70 HR 14 (2.5 CS: 175 HR 14, 3.0 CS/CSi und CSL: 195/70 VR 14)

Maße/Gewicht

Radstand/Länge 2625/4660 mm, Breite/Höhe 1730/1370 mm, Spur vorne/hinten 1446/1402 mm (2.5 CS: hinten 1398 mm), Leergewicht 1355 kg, Automatik-Version 1375 kg (3.0 CS: 1400 kg, 3.0 CSL: 1200 kg, 3.0 CSi: 1400 kg, 2.5 CS: 1400 kg)

Fahrleistungen

Beschleunigung 0-100 km/h 10 s, Höchstgeschwindigkeit 206 km/h (3.0 CS: 0-100 km/h 9 s, 213 km/h; 3.0 CS L: 0-100 km/h 8 s, 215 km/h; 3.0 CSi: 0-100 km/h 8 s, 220 km/h; 2.5 CS: 0-100 km/h 10,5 s, 201 km/h)

Bauzeit

1968 bis 1975

Stückzahl

2800 CS: 9599; 3.0 CS: 10 893; 3.0 CSi: 8142; 2.5 CS: 844; 3.0 CSL: 1265

Clubs

BMW Coupé Club Deutschland e.V., Jürgen Dreschel, Rendeler Straße 52, 61184 Karben, Tel. 060 39 / 27 77, Fax 060 39 / 93 1009; BMW CSL-Owners-Club, Dieter Tögel, Frankfurter Straße 68, 65239 Hochheim, Tel. 061 46 / 844 55 / 56

▶ **Heutzutage ist der BMW CS ein Prototyp des alltagstauglichen Klassikers – bis auf die Teileversorgung.**

1966

Opel Rekord C 1900 L

Das Millionenspiel

▶ *Er war der erste Opel, der es auf eine siebenstellige Zahl von Kaufverträgen brachte: Mit betonter Hüfte, dem Amerika-Appeal seiner Linien und unverwüstlicher Technik wuchs der Rekord C zum Erfolgsmodell, das in keiner deutschen Wohnstraße fehlte. Heute ist er ein Klassiker: Die Söhne von damals sind endlich groß genug, um vorn zu sitzen.*

Es soll Auto-Menschen geben, die ihre Vorurteile mit der gleichen Hingabe pflegen wie eine Schicht originalen Nitrolacks. Viele von ihnen würden deshalb nie die Tür eines limonengrünen Opel Rekord aus den späten Sechzigern öffnen. Nie.

Niemals kämen sie auf den kruden Gedanken, einen alten Opel begehrenswert zu finden, sich auf dem beigen Cordvelours der breiten Einzelsessel niederzulassen, nach dem dreispeichigen Lenkrad zu greifen und den Automatik-Wählhebel in die Drive-Raste zu schieben.

Und natürlich würden sie nie den etwas steifen Statikgurt ins Schloss fädeln, den dürren Blinkerhebel setzen und losfahren, in eine beliebige Innenstadt vielleicht, um dort einen der vergnüglichsten Nachmittage ihres Auto-Lebens zu verbringen. Denn sie fahren einen Opel Rekord, einst die erste Wahl der Jägerzaun-Besitzer, und trotzdem treffen sie Blicke, als ob kein Blitz auf der Haube glitzern würde, sondern mindestens eine Katze oder sogar die Nymphe auf ihrem verchromten Kanten-Kühler.

Es sind die Blicke der blonden Mädchen, die Schlaghosen tragen wie damals die Mannequins auf den Opel-Pressemappenfotos, und die Blicke der schütteren Männer mit karierten Schieberkäppis; Blicke aus den SLK, den weißen Car-Sharing-Smart und den tiefer gelegten Dreier-BMW, aus den Straßencafés, den Designermöbel-Läden und den Dönerbuden.

Es sind Blicke auf einen Opel Rekord C, Baujahr 1971, mit 90 PS und L-Ausstattung, zu der schon eine Mittelarmlehne im Fond gehörte, aber nicht das Vinyldach, dessen Mehrpreis eine vergilbte Liste mit 179 Mark taxiert. Vor allem aber sind es Blicke, die einen Klassiker der Nice-Price-Kategorie streifen, ein Auto also, das über eine Million Mal vom Fließband fuhr und heute die 10 000-Mark-Grenze nur in Ausnahmefällen berührt.

Und vielleicht sind die Blicke ja doch etwas anders: nicht ehrfürchtig, aber dafür völlig frei von Neid. Oder von Vorurteilen. Jedenfalls sind sie immer glänzend.

Ein Opel Rekord C überrascht heute als Ende jeder Anonymität, obwohl er vor 30 Jahren in jeder Reihenhaus-Siedlung stand und vor jedem Keglerheim. Oder vielleicht gerade deshalb: Weil er wie Dolomiti-Eis und der Hustinetten-Bär zur kollektiven Kindheit einer ganzen Generation gehört – jener Generation, die ihn heute als Trend-Klassiker entdeckt.

Historie

1963

Im Sommer entstehen die ersten Design-Studien des Rekord C. Sie zeigen bereits den typischen Hüftschwung nach damaliger US-Mode.

1966

Am 8. August beginnt die Serienproduktion in fünf Varianten: Limousine (zwei- und viertürig), CarAVan (drei- und fünftürig) sowie Coupé mit voll versenkbaren Seitenscheiben.

1967

Der neue Commodore mit sechs Zylindern erscheint im Februar; er teilt sich mit dem Rekord die Rohkarosse und das Fahrwerk. Ab April sind zudem ein Rekord-Taxi-Sondermodell und ein Cabrio von Deutsch lieferbar. Im September kommt der sportlich aufgemachte Rekord Sprint mit zwei Weber-Vergasern und 106 PS Leistung dazu.

1968

In Zolder und Hockenheim verblüfft ein schwarzer C-Rekord das Publikum: Mit Erich Bitter am Steuer kämpft er gegen Porsche 911 und Chevrolet Corvette. Mit dem 150 PS starken Prototyp, intern »schwarze Witwe« genannt, erprobt Opel das Rennsport-Potenzial von Rekord und Commodore.

1971

Produktionsende im Dezember; zahlreiche Halden-Fahrzeuge werden erst 1972 zugelassen.

▶ Mit 90 PS bei nur 1060 Kilo Leergewicht galt ein Rekord als souverän motorisiert.

Wegen ihr wurden damals die meisten Rekord C-Limousinen mit zwei Türen bestellt, weil Opel für den Viertürer noch keine Kindersicherung im Programm hatte. Es war jene Generation, für deren Väter das kein allzu schmerzlicher Nachteil war, weil sie vom VW Käfer in die Klasse der Arrivierten aufgestiegen waren, die über 90 PS gebieten durften und einen Kofferraum von der Größe zweier Tiefkühltruhen. Ein Käfer hatte bestenfalls 44 PS und – sind wir ehrlich – gar keinen Kofferraum. Und für den Aufpreis der zwei Fond-Türen lieferte Opel nicht nur das Vinyldach, sondern auch noch ein Mittelwellen-Mono-Radio vom Typ Blaupunkt Hamburg.

Es war jene Väter-Generation, die auch im Rüsselsheimer Management saß. Sie plante den Rekord auch nach eigenen Wünschen, mit Hang zur wuchtigen Repräsentation, um am Ende noch Respekt vor ihrer eigenen Courage zu bekommen.

»Bis zuletzt war Opels Chefingenieur Hans Mersheimer in Sorge«, berichtete *Der Spiegel* 1966 über das Debüt des C-Rekord, der sechs Zentimeter länger und sieben Zentimeter breiter geworden war als sein Vorgänger. Dabei war das Herzklopfen grundlos: »Zum ersten Mal seit Jahren bekundete das Premieren-Publikum mehr Begeisterung für Opels Rekord-Modelle als für Opels kaltes Büffet.«

Tatsächlich war die GM-Tochter im Rennen um die deutsche Mittelklasse außer Atem geraten. Denn in Rüsselsheim hatten sie zwar neue Kurzhub-Motoren mit oben liegender Nockenwelle entwickelt, aber keine passende Verpackung, wie sie Ford mit dem Badewannen-17 M parat hatte: Das war die Herausforderung an die Opel-Designer, die mit dem C-Rekord einen Karriereschub erlebten.

Für sie wurde der Mittelstufler zum Herzblut-Auto: »Weil er der erste Personenwagen war, den wir komplett selbst gestalten durften«, sagt Erhard Schnell, der von 1952 bis 1992 als Opel-Designer arbeitete. »Zuvor bekamen wir fertige Fiberglas-Modelle aus Detroit und durften nur den Zierrat und die Innenausstattung anpassen.«

Bis 1963, dem Start der Rekord C-Entwicklung, arbeiteten die Opel-Designer in einer Unterabteilung des Konstruktionsbüros und hatten nicht einmal eine eigene Telefon-Amtsleitung, wie sich Schnell erinnert. Dann aber schickte die Übermutter in Detroit den einstigen Chevy-Designer Claire McKichan nach Hessen, ließ ein

Als Armaturenbretter noch keine wuchernden Cockpits waren, verwöhnte ein Rekord mit generösem Platzangebot.

mondänes Design-Studio hochziehen und befeuerte die Fantasien der deutschen Gestalter. »Es war«, sagt Erhard Schnell, »ein Befreiungsschlag.«
Der Opel-Designer, damals junger Familienvater und Rekord-A-Fahrer, übersetzte die Detroiter Formensprache ins Hessische, skizzierte mit Filzstift schwungvolle Schrägheck-Überhänge, bauchige Seitenlinien und konkave Kühlergitter auf Pergamentpapier und fand so schon 1963 zur Urform des späteren Erfolgsmodells.
Aus diesem Jahr stammt eine Schnell-Skizze, die bereits alle Stilelemente zeigt, die heutige Rekord-C-Fahrer an ihren Opel lieben: die lange Schnauze, den Hüftschwung im Cola-Flaschen-Stil, das Fließheck des späteren Rekord Coupé und die nach außen gewölbte Form der Rückleuchten. Nur der Opel-Fahrer, den Erhard Schnell an den rechten Skizzenrand zeichnete, blieb eine Fiktions-Figur: Er trägt die Züge von John Profumo, dem britischen Verteidigungsminister, der 1963 über seine Liaison zum Callgirl Christine Keeler stolperte. Ihr Glockenrock spiegelt sich im gezeichneten Lack des Prototyps.
Im Großserien-Alltag dagegen war ein Rekord C stets der beste Freund des Besitz-Bürgertums, eine Ikone des maßvollen Wohlstands, die sich selbst in den satinierten

▶ **Das kantige Bug-Design mit angriffslustigen Scheinwerfer-Augen folgte der US-Mode.**

Coupé-Prospekten als »Traum, den Sie sich leisten können« zu erkennen gab. Nur zaghaft spielten Opel-Techniker wie Hans Mersheimer auf die aufwendig geführte Starrachse mit Stabilisator, Schraubenfedern, Längs- und Querlenkern an und rühmten die konstruktive Ähnlichkeit zu Alfa Romeo und Volvo. Die Verkäufer aber konzentrierten sich mehr auf Details wie den Koffer-

▶ **Kleiner Luxus: Radzierringe aus Aluminium (links).**

▶ **Weiche Welle: Dreigangautomatik auf Wunsch (rechts).**

OPEL
WN-HE 449

Als der Rekord erschien, hatte die Auto-Mode gerade den Rechteck-Scheinwerfer entdeckt.

raum oder die Automatik, um ihre Kunden nicht allzu sehr zu verstören. »Von 100 Autofahrern können höchstens zehn beurteilen, ob ein Auto eine gute Straßenlage hat«, ätzte dazu der damalige *auto motor und sport*-Tester Reinhard Seiffert. Und viele Opel-Käufer orderten nicht nur den Zweitürer, sondern auch den 1,5-Liter-Basis-Motor mit 58 PS und Dreigang-Schaltung, um trotzdem – so eine Opel-Werbezeile jener Tage – »stolz auf den stattlichen Wagen« zu sein.
Es ist jene scheue Gewissheit des Wir-sind-wieder-wer, die noch heute aus allen Ritzen seiner Karosserie zu dringen scheint und dabei auf seltsame Weise anrührend wirkt. Ein Opel Rekord C transportiert seine Zeit, wie es kein Geschichtsbuch kann, und noch im leisen Tickern seines Motors scheint die Warnung der Väter-Generation zu liegen, nicht so schnell zu fahren und immer genug Abstand zu halten.
Dabei wiegt ein C-Rekord nur etwas mehr als 1000 Kilogramm, und seine 90 PS schieben ihn auch für heutige Begriffe kraftvoll an, wenn sich das Gaspedal nur tief genug in den beigen Schlingenteppich bohrt. Aber wer will das heute noch probieren?
Gut, es soll auch solche Auto-Menschen geben. Die meisten von ihnen aber würden nie die Tür eines limonengrünen Rekord C öffnen. Nie.

Text: Christian Steiger
Fotos: Reinhard Schmid

Daten & Fakten Opel Rekord 1900 L Limousine

Motor
Vierzylinder-Reihenmotor, längs vorn eingebaut, oben liegende Nockenwelle, schräg hängende Ventile, betätigt über Stößel und Kipphebel, Nockenwelle im Zylinderkopf, Bohrung x Hub 93 x 69,8 mm, Hubraum 1897 cm^3, Leistung 90 PS bei 5100/min, max. Drehmoment 146 Nm bei 2500/min, Gemischaufbereitung durch Solex-Fallstrom-Register-vergaser

Kraftübertragung
Hinterradantrieb, Einscheiben-Trockenkupplung, vollsynchronisiertes Dreiganggetriebe mit Lenkradschaltung, gegen Mehrpreis beziehungsweise ab 1970 serienmäßig Vierganggetriebe mit Mittelschaltung

Karosserie/Fahrwerk
Selbsttragende Ganzstahlkarosserie, vorn Einzelradaufhängung an Doppel-Querlenkern und Schraubenfedern, Stabilisator, hinten Starrachse mit Längs- und Querlenkern, Schraubenfedern, Stabilisator auf Wunsch, vorn Scheiben-, hinten Trommelbremsen, Zweikreis-Bremssystem mit Bremskraftverstärker, Felgen 5 J x 13, Reifen 6.40-13

Maße/Gewichte
Länge/Radstand 4574/2668 mm, Breite/Höhe 1758/1457 mm, Leergewicht 1060 kg, Zuladung 435 kg

Fahrleistungen/Verbrauch
Beschleunigung 0-100 km/h 16,8 s, Höchstgeschwindigkeit 156 km/h, Verbrauch um 14,1 L/100 km Super

Bauzeit
1966 bis 1971

Stückzahl
1 276 681, davon 407 604 Rekord 1900

Club
IG Opel Rekord C und Commodore A Deutschland, Eberhard Behrendt, Tel. 01 72/801 29 67

▶ Hinter dem Nummernschild versteckt sich die Tankklappe.

▶ Oben liegende Nockenwelle, kurzer Hub und ewiges Leben waren die besonderen Kennzeichen des Rekord-Motors.

▶ Rückleuchten mit kokettem Seitwärts-Schwung.

FORD
HAM 04657

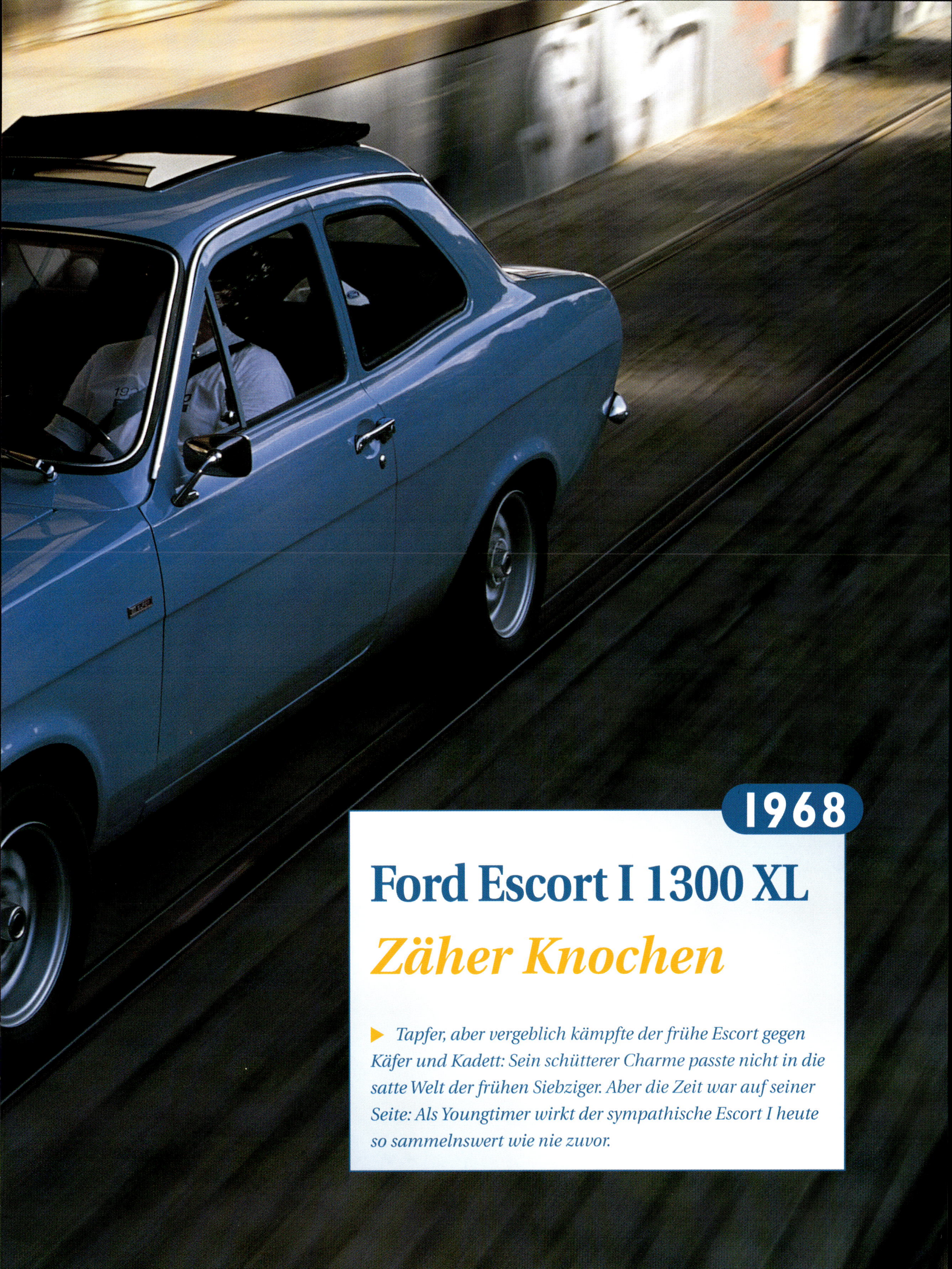

1968

Ford Escort I 1300 XL

Zäher Knochen

▶ *Tapfer, aber vergeblich kämpfte der frühe Escort gegen Käfer und Kadett: Sein schütterer Charme passte nicht in die satte Welt der frühen Siebziger. Aber die Zeit war auf seiner Seite: Als Youngtimer wirkt der sympathische Escort I heute so sammelnswert wie nie zuvor.*

Ein einziges Mal durfte er Schlagzeilen schreiben, die nicht nur von seinen Rallye-Erfolgen handelten oder den Verkaufszahlen, die in Deutschland so niedrig blieben wie ein DKP-Wahlergebnis. Einmal in seinem Leben war der Ford Escort I eine Art Gesamtkunstwerk, und Menschen mit modischen Schlaghosen und Polyacryl-Pullovern rissen sich darum, einen Platz hinter seinem Dreispeichen-Lenkrad zu ergattern.

Es war in Köln, im Oktober vor 30 Jahren, als der Aktionskünstler HA Schult drei orangerote Escort-Viertürer in der Innenstadt platzierte. »Drei Autos. Blutorange farbene Signale in städtischer Landschaft. Steigen Sie ein. Der Schlüssel steckt«, schrieb der Meister damals auf Plakate und Handzettel. Er ließ Funkgeräte einbauen, drei Psychologen auf den Rücksitzen Platz nehmen und wartete in einer improvisierten Leitstelle auf den Dialog mit den Freifahrern.

Dumm nur, dass manche gar nicht reden wollten. Einer benutzte die Motorhaube als Trampolin, ein Zweiter kachelte mit Tempo 100 durch die nächtliche Domstadt. Ein Dritter bat den Psychologen auszusteigen – und versuchte, den Escort im Rhein zu versenken.

Als »Die Stadtstraße« ging das Kunst-Werk schließlich in die Modellgeschichte des Escort ein. Dass die Nachfrage hingegen verhalten blieb, wenn die Kunden für das Kölner Kompaktmodell bezahlen sollten, gehört zu den bitteren Kapiteln seiner Biographie. Als Volkswagen längst eine Million Käfer pro Jahr loskrabbeln ließ, brachte es der Escort auf ganze 234 667 Kaufverträge – in etwas mehr als fünf Jahren.

Dabei sollte er im Hauptberuf ein Erfolgsauto sein, doch dies verhallte in den Verkaufssalons. Es lag wohl daran, dass die deutschen Käufer bei seiner Entwicklung kaum eine Rolle gespielt hatten.

Denn eigentlich war der Escort I nicht der »lachende Dritte«, zu dem ihn die Kölner Ford-Werber neben Käfer und Kadett hochjazzen wollten. Gedacht war er ursprünglich als Einstiegsmodell für den britischen Markt, als Nachfolger des Anglia mit seiner schrägen Heckscheibe – also ein kleiner, pragmatischer Billigheimer, der als Hauptkonkurrenten nur den antiken Morris Minor fürchten sollte. Nur ganz am Anfang, in den frühen Sechzigern, durften Kölner Ford-Ingenieure an seiner Entwicklung mitarbeiten – bis sie die Konzernmutter in Dearborn zu den heimischen M-Modellen zurückbeorderte.

Erst 1966 mussten sich die Kölner wieder einklinken: In letzter Minute setzten sie für den deutschen Markt eine Viertürer-Version und den Namen Escort durch. Ford hatte allen Ernstes geplant, das neue Kompaktmodell auch auf dem Kontinent unter dem Namen Anglia anzubieten.

So gab es bei der Escort-Weltpremiere am 13. Dezember 1967 im Londoner Hilton-Hotel nicht nur gegrillten

Historie

1967
Escort-Weltpremiere am 13. Dezember in London.

1968
Produktionsbeginn im Januar, deutscher Verkaufsstart im September. Im März beginnt die Rennsport-Karriere des Escort I: dritter Platz bei der Rallye San Remo.

1969
Zur IAA erscheint die Viertürer-Limousine.

1973
Im Juni debütiert die Sportvariante RS 2000 mit dem Zwei-Liter-Motor des Consul (100 PS, 176 km/h Spitze).

1974
Ab Januar: Escort GXL als Luxusversion mit Vinyldach und Velours im Innenraum. Im Februar Start für das Sondermodell Strada in Knallgelb mit mattschwarzen Zierlinien.
Im November läuft die Produktion des Escort I nach 2 145 696 Exemplaren aus (davon rund 5200 RS 2000). Nur 234 667 Wagen fanden deutsche Käufer.

Ein sachliches Auto, aber der Hüftschwung musste sein – ihn trugen alle Ford jener Ära.

Truthahn und Weihnachtspudding mit Brandysoße, sondern auch den bitteren Nachgeschmack der Häme. »Auch einem argen Feind« mochten etwa die Tester der *Frankfurter Rundschau* keine Escort-Fahrt auf schlechter Wegstrecke wünschen, während *auto motor und sport* seine Leser vor einem »ziemlich primitiven Automobil« warnte.

Speziell das polterige Fahrwerk mit seiner Starrachse, die zwei Blattfederpakete nur mühsam zähmen konnten, fand die Ablehnung der Tester, denen auch das verhuschte Finish seiner Karosserie und die ellenlange Aufpreisliste des Escort missfiel. Nackt wie der Mond erschien ihnen ein Basis-Escort, der für 5394 Mark und 60 Pfennige vor seinen Käufer trat: Selbst die vorderen Ausstellfenster kosteten Aufpreis (26,64 Mark), ganz zu schweigen von Stoßstangenhörnern (41,07 Mark) oder gar Gürtelreifen im Schubkarrenformat 155 SR 12.

Das alles war im Heimatland des Escort kein Hinderungsgrund für eine Autokarriere: Schon nach fünf Monaten hatten die Ford-Werker im britischen Halewood den 100 000. Escort montiert. Kein britisches Automobil war zuvor erfolgreicher gewesen.

Es gab in den späten Sechzigern aber auch kein englisches Discount-Auto mit ähnlich rasantem Image. Denn kaum waren im Londoner Hilton die Tische abgedeckt, begann die Rennsport-Karriere des Escort I, der sich prompt zum Rallye-Weltmeister des Jahres 1968 emporbolzte. Dazu schob Ford England die Twin-Cam-Version ins Programm, unter deren Haube der Motor des legendären Lotus Cortina grummelte. 115 PS zerrten dann an der dünnen Blechhülle und ganzen 800 Kilogramm Leergewicht.

Für die Kölner Motorsport-Abteilung waren in jenen Tagen junge, zornige Quertreiber wie Hubert Hahne oder Rolf Stommelen auf britischen Twin Cams unterwegs, während deutsche Familienväter einen allenfalls schamhaft veredelten Escort GT mit 64 PS kaufen konnten. Hinter dessen Sportlenkrad mussten sie sich von ihren Schwiegervätern im Ford 20 M an der Ampel demütigen lassen.

Wichtiger als vier Türen war der Kofferraum des Käfer-Rivalen.

Die Wende im glücklosen Leben des deutschen Escort kam – zielgenau – zur Ölkrise: Im Frühjahr 1973 erschien das Sportmodell RS 2000 mit Alu-Felgen, weißblauer Kriegsbemalung und 100-PS-Motor. Etwas mehr als 5000 Mal umgab es das Escort-Image mit jenem Hauch von heißem Gummi, nach dem sich deutsche Familienväter am Vorabend des GTI-Zeitalters verzehrten.

Vor allem aber erlebte der RS 2000, was dem Basis-Escort bis tief in die Neunziger verwehrt blieb: Er wurde zum Liebhaberstück, während unzählige gut erhaltene Magermodelle den Tod der Hausschlachtung sterben mussten. »Viele wurden zum RS 2000 umgebaut, wenn die Karosserie noch gut genug war«, sagt Klaus Blasum, Vorsitzender des Escort I Register Germany.

Sein graublauer 1300 XL von 1970 zählt indes zu den wenigen Escort I-Exemplaren, die ihr viertes Lebensjahrzehnt in restauriertem Zustand erleben dürfen – mit einem milden Chromfunkeln um den Hundeknochen-Kühlergrill, mit zierlichen Seriensitzen im Skailederrand und ohne Zusatzinstrumente im sattschwarzen Kunststoff seines Armaturenbretts.

Es ist ein angenehm irritierender Anblick, etwa so, als würde man ein Familienalbum aus den Siebzigern aufschlagen. Eines mit giftgrünem Einband und seidenmatten Fotos, die den eigenen Vater mit dottergelbem Pilotenhemd und wuchernden Koteletten zeigen. Nur wirkt ein 30-jähriger Escort I heute geschmackssicherer in seiner Schüchternheit, die er einst mit Hüftschwung und Knochengrill zu kompensieren versuchte.

Damals sah er etwas verhärmt aus, heute scheint ihn das Alter mit ungewohntem Selbstbewusstsein zu umgeben. Aber warum haben sie ihn früher nicht gewollt? Ein Fiat 128 oder B-Kadett wirkten nicht weltmännischer, ebenso hatte die Nostalgiewelle den Käfer längst nicht zum Kult gemacht.

Kommen wir näher. Fragil liegt der verchromte Türgriff in der Hand, die Fahrertür schließt weniger blechern, als es die Erinnerung befürchtet. Obwohl die Sitzlehne knapp unter den Schulterblättern endet, ist der Escort I kein puppiges Auto: Selbst lange Beine finden ausreichend Platz.

Natürlich wirkt sein Cockpit längst erfrischend nostalgisch: Das Lenkrad sieht nach Ford Capri aus, während

Mit dem 1300 S-Triebwerk (Aufpreis 389 Mark) drang der Escort in die gehobene Kompaktklasse vor.

die Benzinuhr eine stilisierte Zapfsäule mit rundem Schauglas markiert, wie es sie zuletzt in den Fünfzigern gab. Ein Radio dagegen fehlt. Dabei würden die Les Humphries Singers jetzt gut hierher passen, wenn sie »Mexicoo-hoo« singen und an die gleichnamige Sportversion von Ford England erinnern, die 86 PS hatte – und in Deutschland nicht zu haben war. Der blaue 1300er leistet 52 PS, sobald sein Motor das Lied seiner Stößelstangen klickert. Die Mittelschaltung überrascht mit kurzen Wegen und Klack-Klack-Gefühl – und auch die Lenkung ist verblüffend direkt.

Keine Kunst also, einem 30-jährigen Escort nach der ersten Bodenwelle seine Attacke auf das Sitzfleisch zu verzeihen. Gerade dann, wenn der Mann auf dem Nebensitz kein Psychologe ist, sondern Vorsitzender des Escort-Clubs und Kenner eines Preisgefüges, das selbst feine Exemplare im Nice-Price-Bereich um 5000 Mark ansiedelt.

Text: Christian Steiger
Fotos: Achim Hartmann

▶ **Das Faltschiebedach gehörte zum Zubehörprogramm der britischen Escort-Modelle.**

Beliebte Tuning-Beigabe der Siebziger sind Sportfelgen mit 165er-Radialreifen (links).

Zierliche Sessel mit Kunstlederrand (rechts).

Das kärgliche Instrumentenbrett galt einst als klassengerechtes Ausstattungsdetail.

▶ **Hier zu Lande ist ein voll restaurierter Escort I eine Seltenheit.**

Daten & Fakten Ford Escort 1300

▶ Motor
Vierzylinder-Reihenmotor, hängende Ventile, über Stoßstangen und Kipphebel von seitlicher Nockenwelle betätigt, Bohrung x Hub Hubraum 1263 cm^3, Leistung 52 PS bei 5000/min

▶ Kraftübertragung
Hinterradantrieb

▶ Fahrwerk
Vorn Querlenker und McPherson-Federbeine, hinten Starrachse an Längsblattfedern, Längslenker

▶ Maße/Gewicht
Länge/Breite/Höhe 3978/1572/1402 mm, Gewicht 825 bis 850 Kilogramm

▶ Fahrleistungen/Verbrauch
Höchstgeschwindigkeit. 135 km/h, Beschleunigung 0-100 km/h in 21 s, Verbrauch zirka 9 Liter/100 km

▶ Club
Escort I Register Germany, Klaus Blasum, Bülowstraße 27, 59075 Hamm, Tel. 02381/71175

K DR 9985
BM LD 36

▶ Vierer-Eskorte: Die Escort-Ära bei Ford dauerte rund drei Jahrzehnte und vier Generationen.

1968

Opel GT

Flach-Eisen

▶ *Ein Sportwagen im Opel-Schauraum: Das war vor 30 Jahren, als wären »The Who« beim »Blauen Bock« eingefallen. Der GT war ein blecherner Beat, ein Kult-Auto mit kurzem Leben: Kein Opel nach ihm durfte so flach, so wild und so frei von Kompromissen sein.*

Das größte Kompliment kann ihm keiner seiner vielen Fans machen, keiner der zahllosen Tuner, kein noch so virtuoser Restaurator und erst recht kein euphorisierter *Motor Klassik*-Schreiber. Nicht einmal seiner Werbetexterin gelang es, obwohl sie dem Opel GT den knackigsten Slogan der späten Sechziger auf den glatten Leib dichtete: »Nur Fliegen ist schöner« zählt zu den Sprüchen, die sich ins Gedächtnis einer ganzen Nation kerbten.
Das größte Kompliment aber machen dem GT wildfremde Menschen hinter den Scheiben weißer VW Golf in Grundausstattung, grauhaarige Fußgänger in beigen Popeline-Windjacken und 17-jährige Mädchen auf ihren Retro-Design-Motorrollern. Denn sie alle nehmen den GT gar nicht wahr, wenn er ihnen im Alltagsverkehr begegnet. Sie bemerken nicht, dass er womöglich schon ein H-Kennzeichen trägt – und wenn, dann würden sie ihm seinen Oldtimer-Status nur mit Argwohn glauben. Sie schauen ihm nicht hinterher, weil er das Herz des Laien noch nicht mit nostalgischen Gefühlen wärmt. Der GT umgibt sich mit jener Alterslosigkeit, die gelungene Sportwagen-Entwürfe zwar zur Skulptur veredelt, aber nie zur Antiquität verniedlichen kann.
»Nur wenige Kenner sprechen einen an«, bestätigt Stefan Müller, Opel GT-Fahrer seit 1981 und Typreferent der Alt-Opel-Interessengemeinschaft. »Andere meinen, das wäre ein neues Auto.« Dabei lohnt er sich noch immer, der tiefe Blick in seine Schlafaugen und auf eine Karosserie, die den meisten Betrachtern bis knapp zur Taille reicht.
Sie scheint den Schwung ihrer jugendlichen Macher zu konservieren, die zwar bei Opel in Rüsselsheim arbeiteten, aber im Innersten nie Opel-Fahrer waren – bis zu dem Tag im September 1968, als es der GT von der privaten Stil-Studie zum jungen Wilden des Opel-Modellprogramms gebracht hatte.
Mehr als für das Graubrot Rekord interessierten sich die hessischen Designer damals für die Antipasti auf dem Turiner Automobilsalon und den Corvette-Doppelwhopper aus dem fernen Detroiter Mutterhaus. Und weil ihnen das fade Aroma der Rüsselsheimer Kantinenkost nie ganz behagte, vereinigten sie beides zur furiosesten Melange, die es in deutschen Designstudios gab. Das Resultat ist ein Auto, für das die Erde eine Kurve zu sein scheint. Sie mündet im Knick seines spitz zulaufenden Bugs und den Kotflügeln im Coke-Bottle-Schwung,

Historie

1962
Unter dem neuen Opel-Designchef Claire McKichan entstehen erste Skizzen eines kleinen Sportwagens – anfangs noch ohne Wissen der Geschäftsführung.

1965
Einer von zwei Prototypen steht als »Experimental GT« auf der Frankfurter IAA.

1967
Opel und der französische Karosserie-Hersteller Brissonneau et Lotz schliessen einen Fertigungsvertrag.

1968
Am 12. September läuft die Serie an.

1969
Auf der IAA zeigt Opel die Styling-Studie Aero GT.

1970
Im Juni endet die Produktion des GT 1100 (3573 Exemplare).

1971
Präsentation des Sparmodells GT/J mit mattschwarzen Zierteilen und reduzierter Ausstattung im März.

1972
Opel baut mehrere GT-Prototypen mit wuchtigen, hochgelegten US-Stoßstangen.

1973
Im Juli endet die Produktion nach 103 373 gebauten Exemplaren. Rund 19 000 Coupés fanden deutsche Käufer.

▶ Lange Schnauze und Stummelheck: vor 30 Jahren der goldene Sportwagen-Schnitt.

sie krümmt sich über das knapp geschnittene Dach und verengt sich erst an der Abrisskante des Stummelhecks, das sie im Designstudio lakonisch »Entenschwanz« nannten.

Trotz aller Formenfreude aber fanden die Opel-Gestalter, angeführt vom einstigen Cadillac-Chefdesigner Claire McKichan, zu Detaillösungen von ergreifender Ehrlichkeit. Wie gut die Form ihres GT wirklich funktioniert, das erfuhren sie erst kurz vor Serienanlauf: Opel stellte einen GT-Prototyp in den Windkanal und ermittelte den damals sensationellen c_W-Wert von 0,39. Sogar seine Klappscheinwerfer, die im Alltag der späten Sechziger als Show-Stücke taugten, folgen einer strengen Bestimmung: Ohne sie hätte der flache Bug des GT niemals den US-Vorschriften genügt, nach denen die Scheinwerfer im rechten Winkel zur Straße stehen müssen. Und bis heute kann jeder GT-Fahrer nachmessen, was die patentierte Klapp-Konstruktion für die Windschlüpfigkeit des GT tut: Nachts, wenn das Coupé aus den wachen Glupschaugen ins Dunkel glast, ist es mehrere km/h langsamer.

Noch nicht einmal die spektakuläre Blech-Blase auf der Motorhaube ist eine kokette Garnierung: Sie verbirgt den Luftfilter, der den Motorblock überragt – im Rekord C, den das 1,9-Liter-Triebwerk ursprünglich antrieb, gab es solche Platzprobleme nicht.

Selbst Chrom trug das kleine Trend-Coupé so sparsam auf, dass es niemanden störte, als er beim Einsteiger-

Typ GT/J unter einer mattschwarzen Spar-Schicht verschwand.

So lässt sich ein Opel GT noch mit dem abgeklärten Auto-Gefühl der späten Neunziger umrunden, ohne ihm etwas Abfälliges nachsagen zu müssen. Die einzigen, die ihn und seine Designer nur zur Hälfte verstanden, lebten im Deutschland der frühen achtziger Jahre: Sie trugen Cowboystiefel oder Collegeslipper mit Bommeln, kauften sich GT aus dritter Hand und bliesen sie zum Vorstadt-Testarossa auf. Das Erscheinen preiswerter Opel Kadett GSi auf dem Gebrauchtwagenmarkt erlöste den GT aus dieser Phase der groben Missverständnisse.

Im Rausch der Tiefe: Der Serien-GT ist ganze 1,23 Meter flach; ein Opel Rekord C überragt ihn um 22 Zentimeter. Kein späterer Serien-Opel unterbot die GT-Maße.

Heute keimen nur dann leise Zweifel, wenn sich ein GT-Neuling zum ersten Mal im mattschwarzen Interieur eines perfekt erhaltenen Exemplars niederlässt, wenn er das verchromte Gurtschloss mit der Aufschrift »Opel Sicherheit« in der Hand hält, die Zahl 240 auf dem Tacho sieht und den zierlichen Zündschlüssel dreht.

Als Soundtrack zur Karosserie, die sich mit italienischer Kleinserien-Aura umgibt, und zum Cockpit, das sich Porsche 914-Fahrer ersehnt hätten, ertönt kein kerniges Gebrotzel, sondern eine Enttäuschung: heiseres Rotocap-Ventilgeschnatter und leises Ansaugschnüffeln, genau so, wie es eine Generation von Handelsreisenden in ihren Rekord-Limousinen beschallte.

Bei McCann, der Frankfurter Agentur, die den Werbeauftritt des GT betreute, stellten sie die Ohren frech auf Durchzug und dichteten dem Flach-Eisen eine herzhaftere Aussprache an: »Woooaamm! Woooooammm!! Rrrrrrrrrrrrrrrrrrrrrrroooooooooooooorrrrrrrrrr!«, lautet

Beim Ausfahren drehen sich die Glubschaugen um ihre eigene Achse – ein Opel-Patent für den GT.

Der Motor schmiegt sich eng an die Spritzwand: Seine Einbaulage war einst ein Rüsselsheimer Politikum.

eine legendäre, aber leider nicht allzu aufrichtige Textzeile der damaligen GT-Anzeigenwerbung.

Noch dazu muss sich der GT mit seinen 90 PS heute von jedem besseren Astra niederringen lassen. Als Trost darf der alt gewordene Wilde aber die Punkte der Fahrspaß-Wertung kassieren – obwohl sein Fahrwerk fast unverändert vom Kadett der B-Baureihe kam.

Die ganze Wahrheit kennen nur wenige Opel-Insider, denn im Rüsselsheim der sechziger Jahre rangen nicht nur Designer um die Filterlosigkeit des GT, sondern auch ein smarter Jungmanager mit amerikanischem Pass und Schweizer Akzent. Sein Name: Bob Lutz.

Dem späteren Chrysler-Vizepräsidenten verdankt die Opel-Szene das agile Handling des GT, der sein Triebwerk in der Art des Mittelmotors weit hinter der Vorderachse trägt.

Ein Blick unter die Haube zeigt, was los ist: Kein Finger passt zwischen den Graufuß-Block und die Spritzwand der GT-Karosserie. Dabei sollte der Motor nach dem Wunsch des Opel-Chefingenieurs Hans Mersheimer über der Vorderachse sitzen – eine Forderung, die auch von den GM-Kaufleuten gestellt wurde, um die unveränderte Kadett-Bodengruppe verwenden zu können. Nur Verkaufschef Bob Lutz kämpfte für den zurück-

▶ **Hinter dem Opel-Emblem ist das Schloss des Tankdeckels versteckt.**

versetzten GT-Motor: Er überzeugte die General Motors-Manager nach einer Vergleichsfahrt auf der Nordschleife des Nürburgrings. Als Fahrer gewann Lutz den Porsche-Piloten Hans Herrmann, als Feind den Cheftechniker Mersheimer: »Bei ihm war ich danach nicht mehr sehr willkommen«, berichtet Lutz heute.

Dass sich der Streit lohnte, zeigt bis heute jeder GT, der an einen engagierten Fahrer und eine kurvige Landstraße gerät. Eher als das Fahrwerk erreicht dann der Mann am Sportlenkrad den Grenzbereich: Die linke Türtafel muss ihm den Seitenhalt bieten, der dem feincordbezogenen Fahrersessel fehlt, während der GT mit nahezu neutralem Fahrverhalten fesselt – dann jedenfalls, wenn keine Fahrbahnwellen das Talent der starren Hinterachse überfordern.

Dazu passt seine direkte Lenkung, die knochige, präzise Schaltung und am Schluss sogar der Motor, der sein

Mit ausgeklappten Scheinwerfern wird der GT zum Froschkönig – und ist geringfügig langsamer.

▶ **Trotz seiner bürgerlichen Motor-Basis galt der GT als ernsthafter Sportwagen.**

▶ **Ein Hauch von Corvette, auch im Innenraum: Das knackige Sportlenkrad und ein Tacho bis 240 km/h wecken Begehrlichkeiten.**

maximales Drehmoment schon bei 2500 Umdrehungen auf die Kurbelwelle stemmt.

Was aber leider auch zum GT passt und zum Macho-Mythos vom Leben auf der linken Spur, ist sein frühes und banales Ende. Denn nach nur fünf Jahren räumten die Opel-Händler ihre GT-Prospekte aus den Ständern. Käufer hätte es nach diesem Juli 1973 noch gegeben, aber keine GT: Der Karosserie-Zulieferer Brissonneau et Lotz war von Renault und Peugeot aufgekauft worden und kündigte den Produktionsvertrag.

Es kam noch schlimmer. In Amerika, wo der GT gern als Geschenk zum College-Abschluss gereicht wurde, forderten die Behörden fette Crash Bumpers. Die GT-Designer passten sie ihm noch an; Werksfotos beweisen es. Aber sie zeigen auch, dass ein GT mit dicker Lippe so aufreizend war wie Jane Fonda mit Vorbiss. Über Nacht packten die Opel-Gestalter ihre Skizzen ein, als es mit dem GT zu Ende ging. Es heißt, sie seien nicht allzu traurig darüber gewesen. Auch das ist ein Kompliment, nur eines von vielen – und der GT verdient sie alle.

Text: Christian Steiger
Fotos: Reinhard Schmid

Daten & Fakten Opel GT 1900

▶ Motor
Vierzylinder-Reihenmotor, längs hinter der Vorderachse eingebaut, obenliegende Nockenwelle, hängende Ventile, betätigt über Stößel und Kipphebel, Bohrung x Hub 93 x 69,8 mm, Hubraum 1897 cm^3, Leistung 90 PS bei 5100/min, max. Drehmoment 146 Nm bei 2500/min, Gemischaufbereitung durch Solex-Fallstrom-Registervergaser

▶ Kraftübertragung
Antrieb auf die Hinterräder, Viergang-Schaltgetriebe oder Dreigang-Automatikgetriebe

▶ Karosserie/Fahrwerk
Selbsttragende Ganzstahlkarosserie, vorn Einzelradaufhängung an Querlenkern und Querblattfeder, Stabilisator auf Wunsch, hinten Zentralgelenk-Starrachse an Längslenkern und Schraubenfedern, Panhardstab, Stabilisator auf Wunsch, Sperrdifferenzial auf Wunsch, vorn hydraulische Stoßdämpfer, hinten Gasdruck-Stoßdämpfer, vorne Scheiben-, hinten Trommelbremsen

▶ Maße/Gewicht
Radstand/Länge 2431/4113 mm, Breite/Höhe 1580/1225 mm, Leergewicht 960 Kilogramm

▶ Fahrleistungen/Verbrauch
Beschleunigung 0-100 km/h 11,0 s, Höchstgeschwindigkeit 186,5 km/h, Verbrauch 10,6 bis 14,3 Liter Superbenzin

▶ Club
Opel GT-Club Deuschland, Tel. 040/764 43 95

OPEL
GT/J
GP
WJ 11

Wie die gleichaltrige Chevrolet Corvette trägt der Opel GT vier runde Leuchten unterm Heck-Bürzel.

S-DT 1007

1968

Mercedes 200-280 E/8

Einer für alle

Vor 25 Jahren lief die Produktion der Strichacht genannten Mittelklasse-Baureihe aus. Mercedes-Buchautor Günter Engelen beschreibt ein Auto, das sich zwischen Taxi und Techno seinen Weg zum Oldtimer sucht.

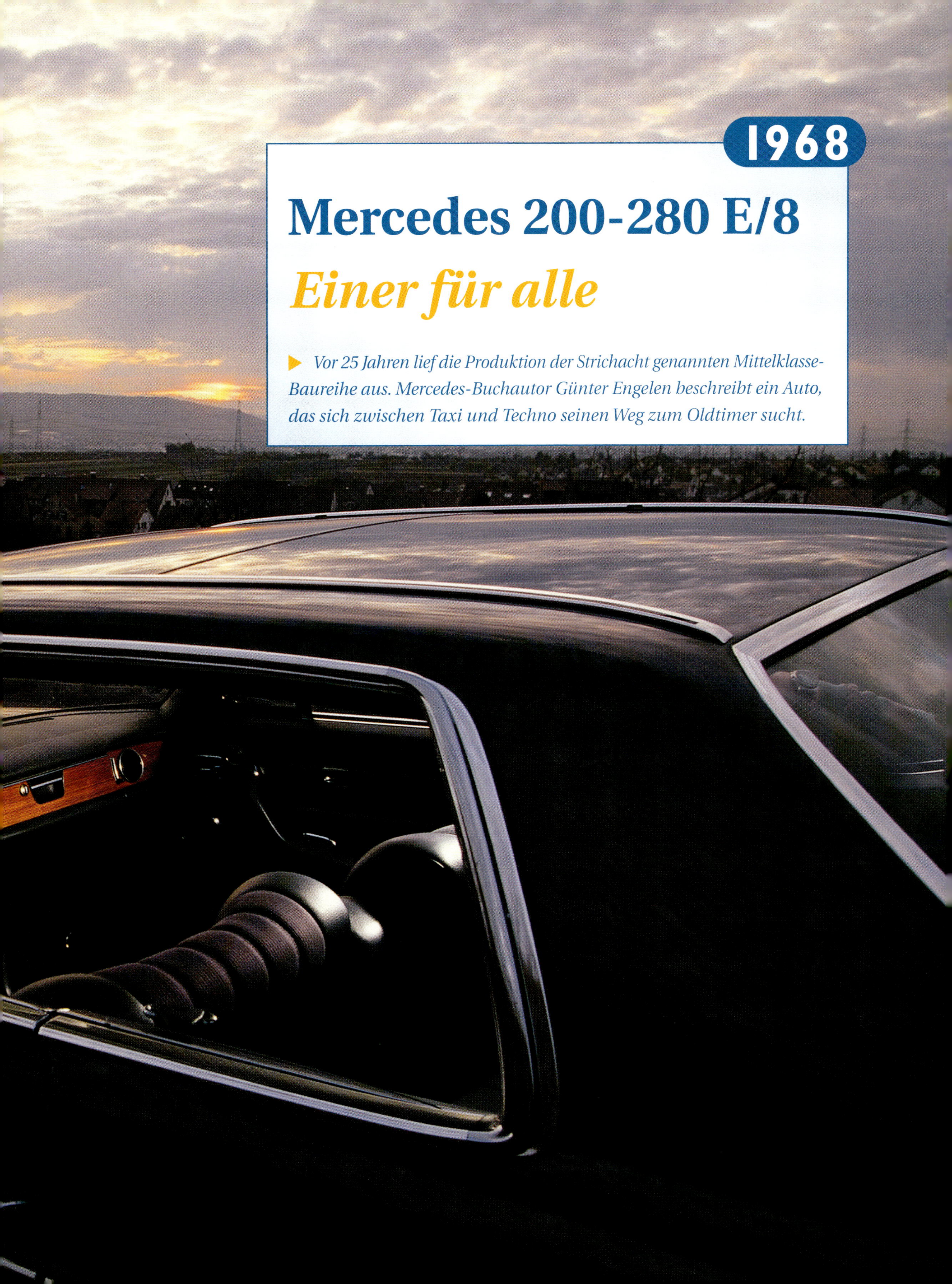

Eleganz oder Originalität waren bei seiner Entstehung nicht vorgesehen. Der wohlige Schauer eines wegweisenden Designs, der mir beim Erscheinen des NSU Ro 80 über den Rücken lief, verkam mir beim Strichacht zu einer lapidaren Bemerkung: »Ach, das ist der Neue.«

auto motor und sport titelte 1968 »Die schlichten Schlager«. Die hygienische Abwaschbarkeit des kalten Plastiklooks rückte die neue Mittelklasse-Baureihe in die Nähe von Taxis oder Straßenbahnen.

Blumige Floskeln fallen mir auch heute nicht ein, als wir uns wieder treffen, der 220 D, der 280 C und ich. Aber meine harsche Kritik an dem Rechteck-Design, das von den damaligen Vorständen so lebhaft begrüßt wurde, erscheint mir heute in der etwas milderen Betrachtung nach dem Motto meiner Kindheit: Respekt vor dem Alter.

Die Nachwelt widmete den kantigen Mercedes-Modellen aufgrund ihrer Nüchternheit auch keine verklärenden Rufnamen wie Flügeltürer, Ponton oder Heckflosse, es blieb beim schlichten /8. Mit diesem internen Code wurden übrigens auch alle im Januar 1968 vorgestellten Modelle bezeichnet, die den 2,8 Liter-Motor vom Typ M 130 erhielten, etwa der 280 S, der 280 SL und der 300 SEL. Die Acht steht fürs Erscheinungsjahr 1968. Trotzdem kristallisierte sich die Bezeichnung /8 als spezielles Synonym der neuen Mittelklasse-Baureihe heraus.

Spontan fällt mir ein Vergleich ein – wegen Mercedes-Chefdesigner Bruno Saccos Zornesfalten auf der hohen Stirn bitte ich inständigst um Vergebung –, der Vergleich mit der aktuellen E-Klasse. Nein, nicht wegen der äußeren, sondern wegen der historischen und der inneren Werte. Historisch gesehen erfolgte 1968 mit der Strich-

Historie

1960

Erste Vorschläge von Mercedes-Technikchef Fritz Nallinger zu einer zweiten, eigenständigen Baureihe.

1961

Nallinger setzt sich für ein neues Fahrwerk ein.

1962

Nallinger fordert den Einbau eines billigen Sechszylinders.

1964

Der Vorstand beschließt endgültig den Bau der /8-Limousine.

1965

Genehmigung für die Serienform von Coupé und Kombi. Das geplante T-Modell wird wegen mangelnder Fertigungskapazität auf Eis gelegt. Das Heckdesign findet sich beim Nachfolger W 123 wieder.

1968

In Sizilien Präsentation der Benziner 200 bis 250 sowie der Diesel 200 D und 220 D. 220 D und 230 auch als Langversion.

1969

Im April Premiere der Coupés 250 C und 250 CE, als Sonderausstattung Fünfganggetriebe.

1972

Premiere der Modelle 280, 280 C, 280 E und 280 CE.

1973

Ab August ersetzt der 230.4 den 220. Einführung des 240 D. Der 230 heißt künftig 230.6. Facelift an Front und Heck für alle Modelle.

1974

Ab Oktober wird der 240 D 3.0 gebaut, die Weltpremiere des Fünfzylinders im Pkw.

1976

Mit dem Anlauf des Nachfolgemodells (W 123) stufenweises Auslaufen der Produktion bis Dezember 1976.

acht-Baureihe der Einstieg in eine zweite Serie, die in direkter Linie zur heutigen E-Klasse führt. Darüber hinaus überraschte der Strichacht mit einer von Mercedes-Benz damals nicht gekannten Agilität, auch hier stimmt der Vergleich mit seinem Nachkommen.

Heute werden Strichachter von den 14- bis 18jährigen Kids der Techno-Szene bewundert, den Birkenstock-Kindern der 68er Generation dienen sie als Kultobjekt. Die Twens vom Lande bevorzugen den Diesel, die rundbebrillten Anwaltseleven eher die Benziner.

Die Patina der Vergangenheit – »früher war alles besser« – stimmt beim Strichacht nicht. Von Anfang an waren die Autos arge Schluckspechte, die den Sprit so gierig in die Verbrennungsräume sogen wie die US-Bürger den Whisky nach dem Ende der Prohibition. Ein c_W-Wert von 0,443 trug zu den exzessiven Trinksitten ebenso bei wie die D-Jetronic oder der Solex 4 A 1-Vergaser.

Bevor der Motor gestartet wird, ist aber eine Gedenkminute im Innenraum fällig. Immer noch schrecklich beeindruckend ist das wie aus einem Donaudampfer der Linie Passau-Wien implantierte, riesige Lenkrad mit dünnem Kranz.

Dabei fällt mir ein, dass eben jener gigantische Rundling bei mir damals einem kleineren Lederlenkrad von Moto-Lita Platz machen musste. Das Auto fühlte sich damals sofort anders an. Lenken war plötzlich nicht mehr Nebensache, man hatte das Auto im Griff.

Die Inflation der Chromumrandungen der Armaturen, von mir damals mattschwarz abgedeckt, findet allmählich die Akzeptanz der späten Jahre. Es gehörte damals zu einem Mercedes, ob ich es wollte oder nicht.

Beeindruckt bin ich vom Platzangebot des von außen recht kompakt dastehenden Viertürers, hier geriet einiges in Vergessenheit. In Erinnerung blieben mir dagegen die mit hängendem Heck dahertaumelnden Diesel der Landwirte, die wie beim Vorgänger ihre Schweinehälften in den unendlichen Tiefen des Kofferraums transportierten. Das Lenkrad umarmt wie die Bäuerin die Schüssel Kartoffelsalat, am Starterknopf gezogen, untermalt vom Tuckern des Langhubers – ich habe den Eindruck einer durch nichts zu erschütternden Lebensdauer eines Traktors.

Die Fahrtaufnahme im 220 D, von Beschleunigung zu reden wäre Blasphemie, gleicht der unerschütterlichen

▶ **Die praktischen Kurbelfenster sowie der solide Außenspiegel tragen Chromschmuck.**

▶ **Das Interieur wird vom großen Lenkrad dominiert.**

Langmut eines indischen Wasserbüffels. Überholvorgänge sind in dieser Welt absolut nicht vorgesehen. Sollten sie dennoch stattfinden, nervt der Motor mit beleidigt aufgeregtem Gelärme. Der Geschwindigkeitszuwachs entspricht dem einer Museumseisenbahn. Ob das mein Gegenverkehr weiß?

Dazu passen die trägen Reaktionen auf die Lenkbefehle. Zu einem Diesel gehörte vor einem Vierteljahrhundert gefälligst keine Servolenkung. Das Umsteigen vom 220 D in den 280 C vermischt vertraute mit neuen Gefühlen. Es ist wohnlicher hier – was ein paar Holzfurnier-Folien nicht alles ausmachen.

Getrübt wird die Erwartung aber durch die Automatik mit Lenkradschaltung. Eine weitere Enttäuschung bringt das Schließen der rahmenlosen Tür. Statt dem satten Plopp der Limousine ertönt ein blechernes Geschepper. Wie sagte meine Mutter: »Wer schön sein will, muss leiden.«

Versöhnt werde ich durch das Murmeln des Sechszylinders im Leerlauf und die spontane Gasannahme mit der seidigen Laufkultur. Das ist auch aus heutiger Sicht erstklassiger Motorenbau. Immerhin nannten sich die Untertürkheimer zu Beginn des Jahrhunderts einmal Daimler-Motoren-Gesellschaft, hier glaube ich es zu spüren.

Beim Anfahren verkommt leider der Biss des Motors im Gequirle des Wandlers. Aber ansonsten herrscht eitel Sonnenschein. Das Fahren bereitet Spaß und Genuss in einem Maße, dass ich völlig vergesse, hier in einem Auto zu sitzen, das bereits ein Vierteljahrhundert auf dem Buckel hat.

Ich erspare dem Museums-Coupé, den Motor bis nahe an 7000/min zu drehen, zumal der Drehzahlbegrenzer je nach Zustand der Feder im Verteilerfinger einem nicht immer zuverlässig die rote Karte zeigt. Ein Drehzahlmesser war außerhalb der Sportwagen-Reihen in jenen Jahren bei Mercedes-Benz mit dem Tabu der Unvernunft belegt.

Diese Drehorgel von Motor verträgt auch hohe Drehzahlen mit dem hinausposaunten Vergnügen der Trompeten von Jericho. Die Kraft aus dem Drehzahlkeller verschmäht der 280er mit dem Stil eines spanischen Granden; er ist nicht unkultiviert, er mag einfach nicht so recht und lässt sich Zeit. Doch wem das Schalten und Walten Freude bereitet, wird immer noch mit ansehnlichem Schub belohnt. Die klammheimliche Freude beim Anblick der erstaunten Gesichter heutiger c_W-Mobile ist ein besonderer Spaß. Das Fahrwerk erscheint mir heute immer noch ausgewogen im Kompromiss zwischen Komfort und Sicherheit.

Die Schräglenkerhinterachse empfand ich damals als längst überfälliges Abschneiden alter Zöpfe. Dazu passt eine Bemerkung des damaligen Mercedes-Cheftechnikers Rudolf Uhlenhaut: »Wissen Sie, mit unserer Pendelachse konnte man ja immer noch sauschnell um die Ecken fahren. Aber beim Bremsen wurde es dann unter Umständen doch kritisch, das war einfach nicht mehr zeitgemäß.«

Im Serienzustand hat dieses Fahrwerk nicht die Eindeutigkeit eines BMW-Fahrwerks. Der Schlag mit der Hinterhand bei zuckendem Gasfuß beim Einlenken kann überraschend kommen. Aber das war früher kein Problem und billig zu beheben.

Die unauffälligen 6,5 Zoll-Felgen der Nobellimousine 300 SEL 6.3 mit Michelin XWX-Reifen der Größe 205/70VR14 versprachen zwar keine übertriebene Lebensdauer, aber in Verbindung mit Bilstein-Dämpfern sowie etwas kürzeren Federn exzellenten Fahrspaß mit hoher Querbeschleunigung.

▶ Die 160 PS des 280 C reichen für gute Fahrleistungen.

Großes Ehrenwort, ich habe es lange ausprobiert. Nur als ich den Getreuen dann wieder in den Serienzustand versetzt hatte, traf mich die Keule des Ungewohnten. Überschlagend erlebte ich die Lektion in Solidität dieses ersten konsequent nach Sicherheitsvorstellungen von Bela Barényi gebauten Autos. Sie war beeindruckend.
Am Ende dieses Tages steige ich mit etwas Wehmut aus dem Auto. Ich kann einem Automobil nach so langer Zeit kein größeres Kompliment machen. Dagegen verkommen die jetzt spürbaren Lastwechsel-Reaktionen und die schlechtere Traktion zu Marginalien.

Text: Günter Engelen
Fotos: H. D. Seufert

Daten & Fakten Mercedes 200-280 E/8

Karosserie/Fahrwerk

Selbsttragende Karosserie mit Rahmenboden verschweißt, vorn Einzelradaufhängung an Querlenkern und Schraubenfedern, Stabilisator, hinten Einzelradaufhängung an Schräglenkern und zusätzlichem halbkreisförmigen Fahrschemel, Stabilisator, vorn und hinten hydraulische Teleskopstoßdämpfer, Kugelumlauflenkung, hydraulische Zweikreis-Fußbremse, Scheibenbremse an allen vier Rädern, Bremskraftverstärker, Fußfeststellbremse auf separate Innenbackenbremse in Bremstöpfen der hinteren Scheiben, Felgen 5 1/2 J x 14, Langversion 5 1/2 J x 15 H, ab 280 6 J x 14, Reifen 6.95 S 14, 175 S 14, 250 6.95 H 14, 175 HR 14, bei Langversion Reifengröße 185 HR 15, ab 280 185 HR 14

Maße/Gewicht

(Coupé in Klammern) Länge/Radstand 4685 (4680)/2750 mm, Breite/Höhe 1770/1440 (1395) mm, Spur vorn/hinten 1444 (1448)/1440 mm, Wendekreis 10,85 m, Tankinhalt Vierzylinder 65 L, Sechszylinder 78 L

Club

MB Strich-Acht-IG, Pestalozzistr. 16, 90429 Nürnberg, Fax 0911/320943; /8-Club Deutschland, Postfach 1211, 29330 Lachendorf, Tel. 05145/2457, Fax 05145/2457

Motor*

Limousinen

200 D	OM 615	4	87 x 83,6	1988	55/4200	11,5/2400	130	31,0	1365	bis 12/76	339927
220 D	OM 615	4	87 x 92,4	2197	60/4200	12,9/2400	134	28,3	1375	bis 12/76	412829
240 D	OM 616	4	91 x 92,4	2376	65/4200	14,0/2400	139	26,4	1450	bis 12/76	126148
240 D 3.0	OM 617	5	91 x 92,4	3005	89/4000	7,5/2400	150	17,7	1500	bis 11/76	53690
200	M 115	4	87 x 83,6	1988	95/5000	15,9/2800	166	14,5	1375	bis 12/76	288785
220	M 115	4	87 x 92,4	2191	105/5000	18,2/2800	168	13,2	1375	bis 08/73	128398
230.4	M 115	4	93,75 x 83,6	2277	110/4800	19,0/2500	171,4	12,4	1385	bis 12/76	87609
230.6	M 180	6	81,75 x 72,8	2292	120/5400	18,2/3600	176,7	13,0	1470	bis 11/76	216340
250	M 114	6	82 x 78,8	2496	130/5400	20,3/3600	182	11,6	1470	bis 05/72	78303
250 2.8	M 130	6	86,5 x 78,8	2778	130/5000	22,0/3200	180	11,5	1395	bis 07/76	34061
280	M 110	6	86 x 78,8	2746	160/5500	23,0/4000	190,5	9,7	1470	bis 09/76	44537
280 E	M 110	6	86 x 78,8	2746	185/6000	24,3/4000	203,4	9,7	1535	bis 09/76	22836

Coupés

250 C	M 114	6	82 x 78,8	2496	130/5400	20,3/3600	180	12,8	1375	bis 05/72	8824
250 C 2.8	M 130	6	86,5 x 78,8	2778	130/5000	22,0/3200	180	12,8	1395	bis 06/76	11768
250 CE	M 114	6	82 x 78,8	2496	150/5500	21,5/4500	198	10,9	1450	bis 05/72	21787
280 C	M 110	6	86 x 78,8	2746	160/5500	23,0/4000	190	10,6	1455	bis 08/76	13151
280 CE	M 110	6	86 x 78,8	2746	185/6000	24,3/4000	200	9,9	1455	bis 07/76	11518

* jeweils von links nach rechts: Modell, Werksnummer, Zylinderzahl, Bohrung x Hub, Hubraum, PS/min, max. Drehmoment/min, Höchstgeschwindigkeit, Beschleunigung 0-100 km/h, Leergewicht, Bauzeit, Stückzahl

S-DL 3636

Zwei Welten treffen sich: Das kultivierte Coupé mit Sechszylinder ist von anderem Charakter als der 220 D.

1969

Audi 100 Coupé S

Die Krönung

Dank seiner eleganten Karosserie hat sich das Audi 100 Coupé S 20 Jahre nach Produktionseinstellung zu einem Klassiker entwickelt. Es krönt die ansonsten eher biedere Audi 100-Baureihe.

Kopieren geht über studieren. Das müssen sich seinerzeit auch die Verantwortlichen bei Audi gedacht haben, als sie den Designentwurf für das neue Coupé abzeichneten. Weil in der eigenen Stylingabteilung in den siebziger Jahren nur durchschnittliche Konfektionsware entstand, holten sie sich schamlos Anleihen im warmen Süden. Hier ein wenig Fiat Dino, dort ein wenig Osi-Ford – die Audi-Designer müssen wohl geschlossen eine Bildungsreise nach Italien unternommen haben, so sehr erinnern die Formen des Audi 100 Coupé S an Vorlagen aus dem Land der berühmtesten Karosserieschneider.

Die Eleganz der Formen bleibt jedoch gänzlich auf das Äußere beschränkt. Wer ins Innere des Audi 100 Coupé S steigt, sinkt ein in die Welt der siebziger Jahre mit ihren glatten und schweißtreibenden Kunstlederbezügen den knöchrig dürren und großen Lenkrädern und den Armaturentafeln mit einfachem Holzfurnier, die mit ihrer hölzernen Geradlinigkeit völlig zu Recht Bretter genannt werden. Und der weiße Dachhimmel mit seinen zahllosen Löchlein ist uns wohlvertraut aus dein VW Käfer, dem Passat und weiteren Produkten der Wolfsburger und Ingolstädter Liaison.

Auf der Straße vermag der Fastback-Audi seinen sportlichen Anschein allerdings recht ordentlich zu bestätigen. Die 112 PS der zweiten Leistungsstufe – im ersten Modelljahr lieferte der Vierzylinder mit einer Doppel-

Italienisch: Fastback-Karosserie.

Historie

1968
Präsentation der Audi 100 Limousine.

1969
Vorstellung des Coupés auf der IAA in Frankfurt.

1970
Im Oktober startet die Serienfertigung des Coupés.

1972
Auf Wunsch ist das Coupé mit Automatikgetriebe lieferbar; durch neue Vergaserbestückung sinkt die Motorleistung um drei auf 112 PS.

1973
geänderte Hinterachse mit Federbeinen, Facelift mit leicht geänderten, eckigeren Kotflügeln.

1974
neue Vorderachsgeometrie mit negativem Lenkrollradius.

1976
Produktionseinstellung.

vergaseranlage noch 115 PS – verhelfen dem Zweitürer zu ordentlichen Fahrleistungen. Selbst zu der Zeit, als Audi Aluminium und Space-Frame-Bauweise noch nicht für sich entdeckt hatte, konnte man in Ingolstadt schon verhältnismäßig leichte Autos bauen.

Zu verdanken ist das Ludwig Kraus, dem damaligen Audi-Entwicklungschef. Er realisierte auch das Coupé – aus einfachem Grund: Kraus wünschte sich ein Coupé als Dienstwagen.

Wie seinerzeit der Entwicklungschef ist heute Clemens Bandel von dem Coupé begeistert. Der Motoreningenieur setzt seinen Audi auf der Straße genau so ein, wie er aussieht – sportlich. Behende wie einst treibt das 1100 Kilogramm wiegende Coupé von Kurve zu Kurve und überholt auch modernere Weggefährten mit spielerischer Leichtigkeit. Das herzhafte Schmettern des Vierzylinders ist nicht nur typisch für die damalige Audi-Familie, es verrät auch die technischen Wurzeln des Coupés.

Denn im Gegensatz zur Karosserie orientiert sich der Zweitürer technisch weitestgehend an der Limousine. Immerhin spendierten die Ingenieure dem Vierzylinder gut 100 Kubikzentimeter mehr Hubraum als in der Stufenheck-Version. Dadurch gerieten allerdings, das hat man mittlerweile gelernt, die Wände zwischen den Zylindern etwas dünn, so dass der Vierzylinder zu thermischen Problemen neigt.

Dass der Reihen-Vierzylinder nicht der Weisheit letzter Schluss war, erkannten die Audi-Techniker bereits in den Siebzigern. Sie planten daher, einen neuen, ebenfalls

Wer sich das Audi 100 Coupé leisten konnte, besaß einen schicken Sportwagen.

▶ **Der Vierzylinder stammt von der Limousine ab.**

115 PS starken Zweilitermotor in das Coupé einzubauen. Zum Modelljahr 1974 wurden sogar schon leichte Modifikationen an der Karosserie vorgesehen, die den Einbau des neuen Aggregats ermöglicht hätten, doch das Projekt wurde nicht realisiert.

Der neue Vierzylinder kam erst bei der zwischen 1976 und 1978 gebauten Audi 100 Limousine, im Porsche 924 und sogar in einem Pontiac-Modell zum Einsatz.

Die Audi-Coupé-Fahrer müssen sich jedoch, sofern sie ihr Auto in originalem Zustand belassen, mit dem älteren Triebwerk zufrieden geben. Das gilt auch für Clemens Bandel, der das Coupé vor vier Jahren entdeckte.

Der Erstbesitzer ließ sich den Wagen mit den Annehmlichkeiten eines Schiebedachs und eines Automatikgetriebes ausliefern. Gerade die Automatik will indes nicht so recht zum sportlichen Erscheinungsbild passen. Die eckige Schaltkulisse zwischen den beiden vorderen Sitzen stammt wie das gesamte Getriebe aus Wolfsburger Fertigung.

Damals mussten sich Automatikfahrer noch mit drei Übersetzungsstufen zufrieden geben, und die sorgen im Audi für lange Phasen zwischen den Schaltpunkten. Wenn beim Anfahren der Kraftschluss einsetzt, macht

▶ **Narrensicher: Das Fahrverhalten des Fronttrieblers vermag auch heute noch zu überzeugen.**

Zusatzinstrumente geben einen sportlichen Touch.

Heckscheibe und Kofferraumdeckel bilden eine Linie.

das Getriebe mit beeindruckendem Rucken auf sich aufmerksam.

Die zeitgenössische Konkurrenz hatte gleichwohl gegenüber dem 14 400 Mark teuren Coupé S die Nase vorn: Opel bot in seinem Commodore GS/E für nur 200 Mark mehr stolze 150 PS und lieferte noch zwei zusätzliche Zylinder mit. Der Ford Capri 2600 GT mobilisierte mit sechs Zylindern immerhin 125 Pferde, kostete aber 4000 Mark weniger. Der Audi garantiert jedoch als einziger Frontriebler dieser Fahrzeugklasse ein fast narrensicheres Fahrverhalten. Ganz nebenbei bescheren die Sprintstärke und die Fahrstabilität den heutigen Besitzern einen

▶ Seltenes Vergnügen: Nur wenige Coupés überlebten mit den originalen Rädern und Radkappen. (links)

▶ Nur in der Frontansicht erinnert das Coupé an die brave Limousine. (rechts)

Vorteil: Sie garantieren zur Not die rasche Flucht nach vorn, denn nichts fürchten Audi 100 Coupé S-Fahrer so sehr wie Auffahrunfälle. Ein gravierender Heckschaden gilt mangels Ersatzteilen als nahezu irreparabel.

Text: Ulrich Bethscheider-Kieser
Fotos: Wilhelm Mierendorf

Daten & Fakten Audi 100 Coupé S

▶ Motor
Vierzylinder-Reihenmotor, Bohrung x Hub 84 x 84,4 mm, Hubraum 1871 cm³, Verdichtung 10,1, Leistung 115 PS bei 5500/min (ab 1972 112 PS b. 5800/min)

▶ Kraftübertragung
Vierganggetriebe, auf Wunsch Dreigang-Automatik

▶ Fahrwerk
Vorn Einzelradaufhängung an Doppelquerlenkern, Federbeine, hinten Starrachse an Längslenkern, vorn Scheiben-, hinten Trommelbremsen

▶ Maße/Gewicht
Radstand 2560 mm, Länge x Breite x Höhe 4398 x 1750 x 1370 mm, Spur vorn/hinten 1440/1440 mm, 1100 kg

▶ Fahrleistungen
Höchstgeschwindigkeit 185 km/h, Beschleunigung 0-100 km/h 11,0 s

▶ Bauzeit
1970 bis 1976

▶ Stückzahl
30 687

▶ Club
Audi 100 Coupé S-Club Deutschland, Lörracher Straße 16, 79585 Steinen, Telefon 01 72/870 65 21, Fax 076 27/97 06 11

▶ Privatvergnügen: Audi-Entwicklungschef Ludwig Kraus fand die Limousine langweilig. Sein Dienstwagen sollte ein elegantes Coupé werden.

IN AC 12

S DL 3636

1969

VW-Porsche 914

Mittelstürmer

▶ *Der Welt erster Großserien-Sportwagen mit Mittelmotor war eindeutig ein Kind der 68er Generation: laut, wild, bunt und ein bisschen schräg. Der 914 garantiert heute noch jede Menge Fahrspaß und immerwährenden jugendlichen Wahnsinn.*

Es musste ja so kommen, in diesen verrückten Sechzigern. In Paris revoltierten die Studenten. In San Francisco waren Halluzinogene und sexuelle Befreiung angesagt. In London sangen vier eingedröhnte Langhaarige von »Lucy in the Sky with Diamonds«, und die Eltern hatten nicht die leiseste Ahnung, was der Schwachsinn sollte. In Stuttgart-Zuffenhausen machten Ingenieure erste Erfahrungen mit bewusstseinserweiternden Sportwagen.

Fachwelt und Fangemeinde waren einigermaßen verwirrt. Ein Porsche, der eigentlich ein VW war, zwei Kofferräume hatte, aber keine Leistung und trotzdem ging wie die Sau. Doch man kapierte sofort: Der 914 war eine Revolution.

Der Aufstand gegen das Establishment begann schon bei der Form. Nuccio Bertone soll einmal gesagt haben, dass der 914 wirke, als ob ihn der Sohn vom Chef gezeichnet hätte. Er sei das einzige Auto, das bei Vorwärtsfahrt so aussehe, als ob es rückwärts fahre. Beides stimmt nicht. Erstens arbeitete E. A. Porsche zwar in der Designabteilung, für das Styling zeichnete jedoch sein Lehrmeister Heinrich Klie verantwortlich. Zweitens: Wenn Bertone wirklich recht hätte, würde der 914 auch beim Rückwärtsfahren vorwärts streben, der Effekt hebt sich also auf.

Ein klein wenig Gewöhnung braucht das Design tatsächlich. Der 914 ist kein anbiedernder Gassenhauer wie der Ford Capri oder Opel GT. Der Satz »Form follows function« muss wohl jedem Designer beim Betrachten der schlichten 914er Karosserie eingefallen sein. Vorne eine Haube, hinten eine Haube, dazwischen ein Dach. Keine Schnörkel, kein Strich zuviel. Ein Auto im Bauhaus-Stil, Walter Gropius hätte seine Freude daran gehabt.

Fortschrittsgeist in allen Ecken: Die ersten Skizzen sahen verformbare Kunststoff-Stoßstangen vor. Sie fielen jedoch ebenso dem Sparstift zum Opfer wie ein elektronisches Checksystem. Der Targa-Bügel brachte nicht nur höhere Karosseriefestigkeit, es steckte auch ein wenig vorauseilender Gehorsam auf amerikanische Sicherheitsbestimmungen für Cabrios dahinter. Die traten allerdings nie in Kraft, Porsche traute sich trotzdem 15 Jahre lang nicht, ein echtes Cabrio zu bauen.

In Amerika wurde der Bügel als wunderbare Gelegenheit zum Surfbrett-Transport gefeiert. Im kalten Europa hob

Historie

1964

Im Porsche-Designstudio entstehen erste Skizzen für einen Sportwagen unterhalb des 911.

1966

Ferry Porsche und Professor Heinz Nordhoff einigen sich auf eine Zusammenarbeit. Das Fahrzeug soll vom Motor des damals stärksten VW-Modells 411 angetrieben werden.

1967

Im Januar stoppt VW das Projekt, weil die Kalkulation für die Herstellungskosten zu hoch ausfällt. Im Februar einigen sich die Partner darauf, zur Kostensenkung mehr VW-Teile zu verwenden. Im September erfolgt die endgültige Freigabe.

1969

Premiere auf der IAA. Im 914/4 leistet der 1,7 Liter-Vierzylinder-Boxer 80 PS, für den 914/6 (1991 cm³, 110 PS) wird die Leistung des 911 T-Motors um 15 PS verringert.

1972

Produktionsende des 914/6. Mit Beginn des Modelljahres 1973 wird der 2,0 Liter-Motor vorgestellt. Alle Modelle erhalten schwarze Stoßstangen.

1973

VW verlässt die gemeinsame Vertriebsgesellschaft. Der 411-Motor wird auf 1,8 Liter aufgebohrt und leistet nun 85 PS (USA: 76 PS).

1975

Der 914 erhält Sicherheitsstoßstangen, die die Karosserie deutlich verlängern. 1976 Produktionsende im Frühjahr nach 118978 Fahrzeugen.

▶ Das Dach kann in Sekundenschnelle abgenommen und im Heckkofferraum sicher verstaut werden.

man die scheinbar perfekte Synthese zwischen Coupé und Cabriolet hervor.

Im Mittelpunkt der Marketingstrategien stand der Mittelmotor. Die wahre Revolution fand tatsächlich unter dem Blech statt. Vor dem 914 war das Mittelmotor-Prinzip für den Rennsport oder Exoten vom Schlage eines Lamborghini Miura reserviert gewesen. Der VW-Porsche sollte dagegen zwischen 20 000 und 30 000 Stück pro Jahr erreichen. Ein Rennwagen fürs Volk. Alle Fachwelt war damals mittelmotorverrückt, die Argumentation lief immer in die gleiche Richtung: Was auf der Rennstrecke goldrichtig ist, kann in einem Sportwagen nicht ganz falsch sein.

Für Porsche war das Konzept des Mittelmotors nichts anderes als die logische Konsequenz aus der Firmengeschichte. Professor Ferdinand Porsche verwirklichte 1934 die Bauweise erstmals in den Auto Union 16-Zylinder-Boliden. Ferry Porsche entwarf nach dem Krieg den wegweisenden Cisitalia-Rennwagen, der erste echte Porsche hatte ebenfalls eine Käfer-Maschine verkehrt herum eingebaut. Dieser Typ 1 musste immer als direkter Vorfahre herhalten, wenn es in der bis heute beliebten Diskussion »Wie Porsche ist der 914?« argumentativ eng wurde.

Gegenstimmen gab es genug, auch im eigenen Haus. Porsche arbeitete zu diesem Zeitpunkt längst am Aufstieg in die Luxus-Liga. Ein Porsche mit VW-Motor war da eine problematische Sache. VW fühlte sich dagegen von den Stuttgartern über den Tisch gezogen. Die Zusammenarbeit war jedenfalls von Anfang an nicht gerade friktionslos (siehe auch Historie). Durch das beiderseitige Herumtaktieren kam der 914 nie über den sozialen Status eines unehelichen Kindes hinaus. Er blieb ein Bastard, bei dem sich die Elternteile auch noch darum stritten, wer nun der Gutsherr und wer die Magd war.

Trotz der beträchtlichen Schwierigkeiten schaffte es der 914 bis zur Serienproduktion. Porsche brauchte ihn als Nachfolger des 356, denn der 911 lief der Kundschaft mit jedem Modelljahr in Preis und Leistung weiter davon. VW hatte zwar mit dem Karmann ein nettes Coupé anzubieten, trotzdem bestand das Bedürfnis nach Handfesterem. Als Basis wählte man den stärksten VW-Motor aus dem 411. Der Vierzylinder-Boxer brachte es mit einer elektronischen Benzineinspritzung auf 80 PS aus 1,7 Liter Hubraum.

Den Rest entnahm man weitgehend den VW-Regalen oder dem 911. Nur so wurde die kurze Entwicklungszeit von 37 Monaten möglich.

Bleibt das Targa-Dach an seinem Platz, fasst der Kofferraum das Urlaubsgepäck für zwei.

Das stärkere Modell erhielt den Motor des 911 T, allerdings um 15 PS entschärft. Der 914/6 stellte damit eine latente Porsche-Gefahr dar. Als Verkaufspreis waren lange Zeit etwa 16000 Mark geplant, als der 911 T schon über 20000 Mark kostete. Die Sechszylinder-Version hätte damit Porsche-Gefühl, ähnliche Fahrleistungen und besseres Fahrverhalten zum Diskontsatz angeboten. Erst kurz vor der Präsentation wurde der endgültige Preis auf 19980 Mark festgesetzt. Damit war der Erfolg des T-Modells gesichert und das Exoten-Schicksal des 914/6 besiegelt. Obwohl er von der Fachpresse die tollsten Kritiken erhielt und als Geheimtipp unter Kennern galt, wurden nicht mehr als 3332 Stück vom 914/6 gebaut.

Damit rutschte die Balance des VW-Porsche eindeutig in Richtung Wolfsburg. Der Begriff des Volksporsche war längst auf der Welt, da half es auch nichts, wenn Huschke von Hanstein in der Presseaussendung beinahe flehend formulierte: »... nennen Sie das Fahrzeug bitte nicht Volksporsche, ... oder benützen Sie gar das fatale Synonym VOPO ...« Ein Poet des Motorjournalismus reimte damals: »Vom Käfer die Natur, vom Porsche die Figur.«

Das Fahrverhalten des 914 war eine Klasse für sich: Die Haftgrenze reichte trotz Asphaltschneider-Bereifung (155 SR 15 am 914/4) in ungeahnte Dimensionen. Selbst heute kann man mit einem etwas üppiger bereiften 914 ohne Probleme mit modernen Sportwagen mithalten. Im Grenzbereich oder auf glatten Fahrbahnen geriet das Fahrverhalten aber schnell in die von Amateuren nur schwer beherrschbare Wisch-und-weg-Abteilung.

Selbst Profis wie Björn Waldegaard mussten bei der Rallye Monte Carlo 1971 zur Kenntnis nehmen, dass das Mittelmotorkonzept im Winter seine Tücken hatte. Waldegaard erreichte zwar einen schönen dritten Platz mit dem 914/6, aber das Porsche-Team war nach drei Siegen in Folge verwöhnt. Die Niederlage besiegelte die offizielle Sportkarriere des VW-Porsche, einige Insider

Unter der Fronthaube ist der VW-Porsche für eine Überraschung gut: Hier wartet ein zweiter Kofferraum.

nennen sie auch als Grund für die Produktionseinstellung des 914/6.

Was die Alltagstauglichkeit betraf, war der Beifall ebenfalls nicht gerade tosend. Motor Klassik-Mitarbeiter Paul Simsa erinnert sich etwa noch genau an jenen Moment, als er das erste Mal versuchte, wie gewohnt die Aktentasche auf den Rücksitz zu werfen. Es kostete den 914 fast die Heckscheibe. Das Fassungsvermögen der beiden Kofferräume war zwar enorm für einen Sportwagen, im Sommer reichte die Wärmeentwicklung im hinteren Abteil aber gut zum Brötchenbacken.

Die Ausstattung sorgte ebenfalls nicht unbedingt für Freude. Die Basisversion war mit dünnen Nadelfilzbelägen, VW-Felgen und einer Käfer-Scheibenwaschanlage eindeutig Marke Sparta, die glatte Kunststoff-Tapezierung und der anfänglich nicht verstellbare Beifahrersitz machten das Cockpit auch nicht heimeliger. Übrigens waren VW-Porsche-Fahrer immer für traute Zweisamkeit: Die Möglichkeit, den 914 mittels eines Polsters zum Dreisitzer aufzurüsten, wurde nur höchst selten genützt.

▶ Mit offenem Dach ist der 914 ein ideales Auto für den Sommerausflug.

Die Heckscheibe ist direkt hinter den Sitzen platziert.

Die Felgen stammen aus dem VW-Teilelager: vom Käfer Cabrio.

1972 wurden die Hauptkritikpunkte Leistungsmangel und Preiswürdigkeit mit einem Schlag beseitigt. Porsche erweiterte den 1.7 Liter-Vierzylinder auf zwei Liter Hubraum. Die 100 PS-Version kostete nur knapp 500 Mark Aufpreis. Sogar *auto motor und sport* bot damals Versöhnung an: »In der neuen 100 PS-Version wird der VW-Porsche auch vom Motor her zu einem vollwertigen Sportwagen.«

Mit dem Zweiliter kam endlich die Erlösung vom bösen Fluch des Nasenbären (in Preislisten auch VW 411 genannt), dementsprechend erholten sich die Verkaufszahlen. Es war jedoch zu spät, Porsche und VW hatten längst die Weichen in Richtung 924 gestellt. Was mit einem Streit zwischen den Eltern begonnen hatte, endete mit einer Kindesweglegung. Bei Porsche nahm man die Modellpflege nicht einmal ansatzweise so ernst, wie das beim 911 geschah. Dabei zeigten diverse Sondermodelle das enorme Leistungspotenzial des Fahrwerks auf.

1969 wurden zwei Exemplare für Ferdinand Piëch und Ferry Porsche mit dem Dreiliter-Achtzylinder des 908 ausgerüstet. Selbst die Straßenversion leistete 260 PS und lief deutlich über 250 km/h, damit war der 914 S ganz klar der damals schnellste Straßen-Porsche.

1971 sollte in 50 Stück-Auflage eine luxusbetonte Hochleistungsvariante des 914/6 entstehen. Der 190 PS-Motor des 916 war ein Vorgriff auf den 911 S 2.4, um die Karosseriestabilität zu verbessern, wurde ein Stahldach eingeschweißt. Das Projekt wurde jedoch aus Angst vor einem

Flop gestoppt, nur zehn Prototypen erlebten die Fertigstellung.
Immer wenn es ernsthaft zu Porsche wurde, zuckten die Stuttgarter schnell wieder zurück. Rückblickend wirkt es beinahe so, als wollte man ganz bewusst jede Art von positiver Imagebildung vermeiden. Der 914 wurde den bitteren Möchtegern-Beigeschmack nie los.
Nach Produktionsende ging es noch tiefer. Viele Autos wurden verheizt und verbastelt. Noch heute sind auf 914-Treffen Roadster, Breit- und Breiter-Versionen und sogar Testarossa-artige Ungetüme zu sehen. Auch ernsthafte Sammler setzen die mangelnde Modellpflege auf eigene Faust fort. Es gehört in diesen Kreisen durchaus zum guten Ton, ein Stück mit Carrera-Technik zu besitzen.
Fast 120 000 VW-Porsche wurden gebaut, und trotzdem kam die wahre Liebe erst spät. Eine Genugtuung für alle Fans: Die Preise halten sich auf hohem Niveau, und die 914-Renaissance wird wohl so schnell kein Ende nehmen. Genau 20 Jahre ist das Produktionsende her, da kommt der Boxster, ein Porsche mit der Kombination Mittelmotor, Sechszylinder-Boxer und jede Menge Frischluft. Das hatten wir doch schon einmal?

Text: Christian Kornherr
Fotos: H. D. Seufert

Daten & Fakten VW-Porsche 914/4 1.7 (1.8/2.0) und 914/6

Motor
914/4 1.7 (1.8/2.0): Vierzylinder-Boxermotor, zentral längs eingebaut, Bohrung x Hub 90 x 66 mm (93 x 66/94 x 71 mm), Hubraum 1679 cm³ (1795/1971 cm³), Verdichtung 8,2:1 (8,6/8,0:1), Leistung 80 PS (85/100 PS) bei 4900/min (5000/5000/min), max. Drehmoment 133 Nm (138/157 Nm) bei 2700/min (3400/3500/min), eine zentrale Nockenwelle, Kipphebel, elektronische Benzineinspritzung, elektrische Kraftstoffpumpe, Batterie 12 V 45 Ah. 914/6: Sechszylinder-Boxermotor, zentral längs eingebaut, Bohrung x Hub 80 x 66 mm, Hubraum 1991 cm³, Verdichtung 8,6:1, Leistung 110 PS bei 5800/min, max. Drehmoment 156 Nm bei 4200/min, je eine obenliegende Nockenwelle mit Kettenantrieb, zwei Dreifachvergaser, elektrische Kraftstoffpumpe, Batterie 12 V 45 Ah

Kraftübertragung
Einscheiben-Trockenkupplung, Fünfgang-Vollsynchrongetriebe, Achsübersetzung 4,429:1, Getriebeübersetzungen (914/6 in Klammern): I. 3,091 (3,091), II. 1,889 (1,778), III. 1,261 (1,218), IV. 0,926 (0,926), V. 0,710 (0,759)

Karosserie/Fahrwerk
(914/6 in Klammern) Stahlblech-Kastenrahmen mit selbsttragendem Ganzstahlaufbau verschweißt, Einzelradaufhängung, vorne Querlenker und Dämpferbeine, Torsionsfederung, hinten Schräglenker und Schraubenfedern, Teleskopstoßdämpfer vorne und hinten, vier Zweikreis-Scheibenbremsen (vorne innen bel.), Reifen 155 SR 15 (165 HR 15) auf Stahlfelgen 4,5 x 15 (5,5 x 15). Maße/Gewichte: (914/6 in Klammern) Radstand/Länge 2450/3985 mm, Breite/Höhe 1650/1220 mm, Spur vorne/hinten 1337/1374 mm, Gewicht (nach DIN) 900 (940) kg

Fahrleistungen
(2.0 in Klammern) Beschleunigung 0 bis 100 km/h 13,3 (9,9) Sekunden, Höchstgeschwindigkeit 186,5 (192,4) km/h. 914/6: 0 bis 100 km/h 8,5 Sekunden, Höchstgeschwindigkeit 207 km/h

Bauzeit
1969–73 (914/4 1.7), 1973–76 (914/4 1.8), 1972–76 (914/4 2.0), 1969–72 (914/6)

Stückzahlen
65 351 (1.7), 17 773 (1.8), 32 522 (2.0), 3332 (914/6)

Club
VW-Porsche 914 Deutschland Club, Udo Breuer, Poststraße 289, 51147 Köln, Tel. 022 03 / 283 17, Fax 024 04 / 98 67 38, http://www.914-club.de

Kein Zweifel möglich: Die Fahrt im VW-Porsche macht Laune.

S-DL 3636

▶ Die BMW 2002 folgten einem simplen Erfolgsrezept: wenig Auto, viel Motor.

1971

BMW 2002 tii

Tii-Flieger

▶ *Der BMW 2002 tii trägt ganz im Stil seiner Jugend den Lack in saftigem Orange. Das war die dynamische Autofarbe jener Jahre. Die schnellen Kreise trugen es am kleinen BMW, am NSU TT und am getunten Käfer. Die Werbung feierte den schrillen Farbton als Sicherheitselement, und Kritiker empfanden ihn als Warnung vor dem Raser. Im Falle des BMW 2002 tii war diese Ansicht oft nicht falsch.*

Als dieser viel zu kleine BMW zur Welt kam, lautete das Credo einer jungen Generation: »Trau keinem über 30«. Inzwischen haben die älteren 02er-BMW ihren 30. Geburtstag hinter sich. Wir sollten ihnen wieder trauen. Wer um die 30 war in jenen Jahren, so zwischen 20 und 40, der musste schon ziemlich vergreist sein, um nicht von einem BMW 2002 zu träumen. Dieser hatte alles, was ein Auto seinerzeit verführerisch machte: zwei Liter Hubraum, 100 PS und schlanke 1000 Kilogramm auf der Taille. Von null auf 100 km/h kamen harte Treter in weniger als zehn Sekunden. Und mit etwas mehr als 170 km/h Spitze zählten wir noch zu den ganz Schnellen.

Die Lust auf einen kleinen BMW wurde in jenen Flower-Power-Zeiten stets neu geweckt: Der 2002 ti legte zwei Doppelvergaser und 120 PS nach, beim 2002 tii brachten eine Einspritzanlage von Kugelfischer und heute noch ehrenwerte 130 PS das Powerplay zum vorläufigen Höhepunkt. Tempo 200 war zum Greifen nahe. Wer aber seinen BMW bei Alpina oder Schnitzer orderte, bekam zu maßvollem Aufpreis massig Kraft. BMW 2002 mit reichlich 160 Pferdestärken waren durchaus handelsüblich.

Und auch im kleinen Stil wurde rege Leistung aufgerüstet. Die Umrüstung eines 2002 auf Doppelvergaser galt damals als Routinesache, und man sollte so etwas nicht als einen Verstoß gegen das Reinheitsgebot der Serienmäßigkeit verachten. BMW-Tuning war ein Kult ohne Grenzen. Und keine aerodynamisch eingekleidete TDI-Gang störte unsere gar nicht mal so schnellen Kreise. Aber das Design kam auch weder aus dem Marketing noch aus dem Windkanal. Die Autos duckten sich noch nicht feige vor dem Wind. Michelotti in Italien hat natürlich am kleinen BMW mitgewirkt, und mit nur dezent verzierter Klarheit kultivierte er hier den sachlichen Automobilbau der sechziger Jahre, der Ursprünge im alten Bauhaus und in der jungen Ulmer Schule ahnen lässt.

Darum sieht so ein 02er-BMW auch nach drei Jahrzehnten immer noch viel jünger aus als seine Zeitgenossen. Ein Strichacht-Mercedes etwa wirkt väterlich dagegen, der Ford 20 M könnte der Großonkel sein. Der kleine BMW hingegen ist der Youngtimer schlechthin und unverändert liebenswert für alle, die immer noch nicht vergreist sind.

Eine Begegnung mit der Jugendliebe bringt Licht in die Gewissheit, dass früher manches besser war. Aus der

Historie

▶ 1966
Der BMW 1600-2 (85 PS) wird im März auf dem Genfer Automobil-Salon vorgestellt.

▶ 1967
Markteinführung des 1600-2 Cabrio im September und des 1602 TI (105 PS) im Oktober.

▶ 1968
Der BMW 2002 (100 PS) wird im Januar vorgestellt, ab September gibt es den 2002 ti (120 PS).

▶ 1971
Ab April ersetzt der 2002 tii (130 PS) den 2002 ti, im Mai beginnt die Produktion des 1802 (90 PS) und der BMW 1800 und 2000 Touring mit Schrägheck.

▶ 1972
Die Touring heißen ab Dezember 1802 und 2002.

▶ 1973
Facelift für alle 02-Modelle, eckige statt runder Rücklichter. Auf der IAA wird im September der BMW 2002 turbo (170 PS) vorgestellt. Ein Erfolg bleibt in der Ölkrise aus.

▶ 1975
Als Sparmodell baut BMW ab Januar den 1502 (75 PS), ab November ersetzt die Dreier-Reihe alle 02-Modelle außer dem 1502 (Serienende August 1977).

▶ **Ausstellfenster: frische Luft statt Klimaanlage.**

▶ **Sachlichkeit: Hinter dem großen Lenkrad beschränken sich die drei Instrumente auf das Wesentliche (rechts oben).**

▶ **Sitzgruppe: Die Seitenführung der mit Kunstleder bezogenen Sitze war der Fahrdynamik kaum angemessen (rechts unten).**

Fahrerposition betrachtet, schwebt das Dach gleich einem Schirm über den sechs großen und steilen Scheiben. Die Sicht wird nicht von der Symbolik starker und stützender C-Säulen eingeschränkt. Der kleine BMW gewährt die herrlichsten Aussichten, solange man damit nicht auf das zart gestützte Dach fällt. Zudem ist der souveräne Überblick auch eine schöne Erinnerung an eine Zeit, als das Einparken noch keine Blindflugübung war. Man sieht genau, wo so ein BMW vorn anfängt und hinten wieder aufhört. Er war ein beliebter Fahrschulwagen damals. Wen wundert's.

Inwändig wagte der kleine BMW fast so entschlossen wie ein Jahrzehnt zuvor der Mini eine konsequente Absage an die Konvention des Armaturenbretts. Die

Andeutung einer Ablage spannt sich zwischen den Säulen der Windschutzscheibe. Eine kleine Hütte, gerade groß genug fürs Wesentliche, beherbergt die drei Instrumente und den Schalter für das Licht.

Der Drehzahlmesser hat die Uhr auf einen zentralen Außenposten vertrieben. Hinter die Klimatisierung stellt der erste Blick viele Fragezeichen, und erst der zweite findet am Rand der Ablage kleine Hebelchen, die alles Nötige außer einer Kühlmaschine in Gang setzen. Es ist so ziemlich alles da, aber nichts drängt sich mit unterwürfiger Bedienungsfreundlichkeit auf. Dieser BMW ist noch das Auto seines Herrn und Meisters, aber nicht das gefällige Vehikel eines Leihwagen-Benutzers.

Den allgemeinen Sinn fürs Einfache vertritt das Radio sogar akustisch. Es wohnt gemeinsam mit den Lautsprechern in jener Mittelkonsole, die der bayerische Motorenwerker Brotzeitkasterl nennt, und trompetet, was die Sender hergeben, in Mono.

Die Sitze eines BMW 2002 tii beweisen deutlicher als vieles andere, was uns der Fortschritt doch in drei Jahrzehnten auch an Gutem tut. Eine fette Clubsesselgarnitur hat man seinerzeit hineingeschoben, mit glattem Kunstleder bezogen und gänzlich frei von stützender Kontur oder Seitenhalt. Dass einem damals noch die Mädels in Rechtskurven bis auf den Schoß rutschten, war zwar vergnüglich, aber wenigstens ein Sitz von

▶ Leistung von Haus aus: Original-Typenschild des BMW 2002 tii.

Recaro – für die sanften Jungs, oder von Scheel – für die harten Kerle – musste es früher oder später doch sein. Und auch das große, spindeldürre Lenkrad entzieht sich etwas der Erinnerung, in der sich eher die Marke Indianapolis mit 350 Millimeter Durchmesser und fülligem Lederkranz eingegraben hat. Doch geradezu erleuchtend ist dann die Erfahrung, wenn eine erste Reise mit dem Verlassen einer engen Parklücke beginnt. Natürlich, man weiß, solche Autos hatten zu der Zeit noch nicht jenen Grad der Verweichlichung erfahren, der eine Servolenkung unabdingbar macht. Aber dass man selbst an diesem Riesenrad dermaßen wuchten muss, um zwei schmächtige 165er Reifen auf Kurs zu bringen, ahnt man

30 Jahre später nicht mehr. Aber man weiß nun endlich, was man für ein Kerl war, als man noch mit dem kleinen Indy-Lenkrad die 185er voll im Griff hatte. Ist man aus der Parklücke raus, mildern sich die Lenkkräfte auf ein erträgliches Maß, und die Abwesenheit der Hydraulik kommt dem Lenkgefühl zugute, was bei dem recht unterhaltsamen Eigenlenkverhalten ein wichtiger Sicherheitsbeitrag ist.

Der Zweiliter-Vierzylinder des 2002 tii ist auch für heutige Begriffe kräftig bei der Sache, die dynamische Kombination von 130 PS und 1000 Kilo aber ist längst eine historische Erinnerung, die wir der Sicherheit und dem Komfort geopfert haben. 7,7 Kilogramm pro Pferdestärke liegen nur knapp über dem Wert eines neuzeitlichen BMW 328i mit 7,4 Kilogramm.

Klar wird bei voller Anwendung der gesamten Kraft, warum BMW von solchen Triebwerken abgelassen hat. Bei Vollgas toben die vier Töpfe tüchtig, und an der Illusion, dass so ein BMW einmal als kultiviertes Auto galt, zehren auch die Windgeräusche, die eine variable Größe darstellen, abhängig vom Geschick des Karosseriemeisters.

Die Liebe zum Einfachen drückt sich ebenso im Getriebe aus, das ungeachtet der Konkurrenz einer fünfgängigen Giulia auf vier serienmäßigen Stufen beharrt. Die relativ kurze Übersetzung auch im höchsten Gang erstaunt allenfalls beim Betrachten der Instrumente – die Praxis aber lehrt uns, dass dies richtig ist, denn hier muss sich der Motor gegen einen wuchtigen c_W-Wert stemmen. Diesem BMW fehlt darum auch die leichtfüßige Beschleunigung im oberen Bereich, die modernere Wagen scheinbar mühelos enteilen lässt. Aber einen Vorteil hat der alte Windzerwühler schon: Wo man in den jüngeren Windhunden schon feste auf der Bremse steht, genügt es beim alten 2002, den Fuß vom Gaspedal zu lupfen.

In seinen frühen Jahren galt der kleine BMW als der verdiente Meister aller Straßenlagen. Die Konstruktion des Fahrwerks war ein Meilenstein, der in München schon für den BMW 1500 gesetzt wurde. Zwar war die Kombination einer McPherson-Achse vorn und einer Einzelradaufhängung an Schräglenkern hinten auch anderswo praktizierter Stand der Technik, aber BMW hatte dieses

Konzept zu seiner überzeugendsten Reife gebracht und seither sehr erfolgreich kultiviert: Der Z3 bedient sich heute noch vergleichbarer Komponenten.
Die Feinabstimmung dieses Fahrwerks war schon beim 2002 ein weites Feld der Tuner, und auch das Werk schätzte die Ansprüche der Kundschaft unterschiedlich ein. Bei den schwächeren Modellen 1502 und 1602 ließ man vorn und hinten die Stabilisatoren weg, was diesen Modellen schaukelnden Komfort verlieh. Bei den stärkeren Modellen wird im Lauf der Zeit erfolgreich nachgebessert. Doch ein Auto ohne Risiken und Nebenwirkungen wurde aus dem Nullzweier trotzdem nicht.
Er war und bleibt ein Kraftwagen für routinierte Fahrer mit der nötigen Entschlossenheit, die Straßenlage gegebenenfalls selber in die Hand zu nehmen. Und auch eine erfahrungsreiche Vergangenheit auf einem VW-Käfer konnte bei der Bändigung des 02 noch nie schaden. Der BMW war und ist kein heimlicher und kein tückischer, sondern ein ehrlicher Übersteuerer. Hier kann man sich ganz einfach fest darauf verlassen, dass mit dem Anstieg aller Seitenkraft das Heck beim Lenken hilfreich nach außen schwenkt.
Gut abgestimmt beherrscht der BMW die Übung mit weichem, pädagogisch wertvollem Übergang, aus dem sich das Gegenlenken als natürlicher Reflex entwickelt. Wie lehrreich der Einfluss dieses BMW auf die Fahrkunst sein kann, beweist uns Niki Lauda, der vor allen Weltmeisterschaften durch eine Sturm-und-Drang-Periode im Alpina-Rennstall driftete.
Der sehr harmonisch modulierbare Kontakt zur Straße erfolgt über eine Reifendimension, wie sie heute selbst in Kreisen der Smart-Fahrer als Schubkarrenformat abgetan würde: 165 SR oder HR 13. Die alte Gürtelreifen-Größe mit der kleinen Felge und den hohen Reifenflanken erweist sich auch heute noch bei maßvoll mutiger Fortbewegung als recht angenehm.
Denn ein Reifen, bei dem die Höhe noch 80 Prozent der Breite beträgt, federt viel intensiver als dies unseren 40prozentigen Bandagen heute gegeben ist. Zusammen mit einer straffen Abstimmung von Federn und Dämpfern entwickelt der kleine BMW komfortable Qualitäten, die man ihm angesichts des wilden Rufes nicht zugetraut hätte.

▶ **Zeitlos schön: gestreckte Linie, luftiger Dachaufbau.**

Gutes Rad: Die Original-Alufelgen sind sehr gefragt.

Der dunkle Grill signalisiert: starker Motor.

Die 02er-Reihe von BMW zählt auch sonst zu den automobilen Antiquitäten mit Gebrauchswert. Es ist kein Abenteuer, so ein Auto zu besitzen, wofür die einen diese BMW loben und andere sie verachten. Da die Modelle dieser Baureihe noch auf dem Weg zum etablierten Klassiker sind, ist es jetzt an der Zeit, ein gutes Stück zu erwerben. Wobei ein zusätzlicher Reiz der Modelle 2002 ti und 2002 tii darin liegt, dass sie im Oldie-Rennsport für vordere Plätze gut sind. Und nebenbei lehren sie ihren Fahrer das Driften in seiner schönsten Form.

Text: Clauspeter Becker
Fotos: Uli Jooß

▶ **Kraftquelle: Der Einspritzmotor des 2002 tii hatte eine Ansauganlage aus Alu mit einer Drosselklappe.**

Daten & Fakten BMW 2002 tii

Motor
Wassergekühlter Reihenvierzylinder, pro Brennraum zwei hängende Ventile, betätigt durch eine obenliegende Nockenwelle und Kipphebel, Kugelfischer-Einspritzung, Bohrung x Hub 89 x 80 mm, Hubraum 1990 cm^3, Verdichtung 10:1, Leistung 130 PS bei 5800/min, maximales Drehmoment 178 Nm bei 4000/min

Kraftübertragung
Hinterradantrieb, Viergang-Schaltgetriebe, auf Wunsch fünf Gänge und Sperrdifferenzial

Karosserie/Fahrwerk
Selbsttragende Stahlblech-Karosserie mit zwei Türen, vorn Einzelradaufhängung mit Querlenkern und Federbeinen, hinten Einzelradaufhängung mit Schräglenkern, Schraubenfedern und Teleskopstoßdämpfern, Drehstab-Stabilisatoren, Scheibenbremsen vorn, Trommelbremsen hinten, Reifen 165 HR 13

Maße/Gewicht
Radstand/Spur 2500/1350 mm, Länge/Breite/Höhe 4230/1590/1410 mm, Gewicht 1030 kg

Fahrleistungen/Verbrauch
Beschleunigung 0-100 km/h in 9,7 Sekunden, Höchstgeschwindigkeit 190 km/h, Verbrauch zehn bis zwölf Liter/100 km

Bauzeit
1966 bis 1975

Club
BMW 02 Club Deutschland, Gustav-Mahler-Straße 42, 40724 Hilden, Telefon 02103/330526, Fax 02103/330527, http://www.BMW-02-Club.de

▶ **Dynamischer Auftritt nach 30 Jahren: 130 PS halten jung.**

1971

Mercedes 350 SL

Starlight-Express

▶ *Die Oldtimer-Karriere der Baureihe 107 führt nicht ins Museum, sondern noch immer über die Boulevards der feinen Welt – und gerne auch auf die linken Spuren der Autobahn.*

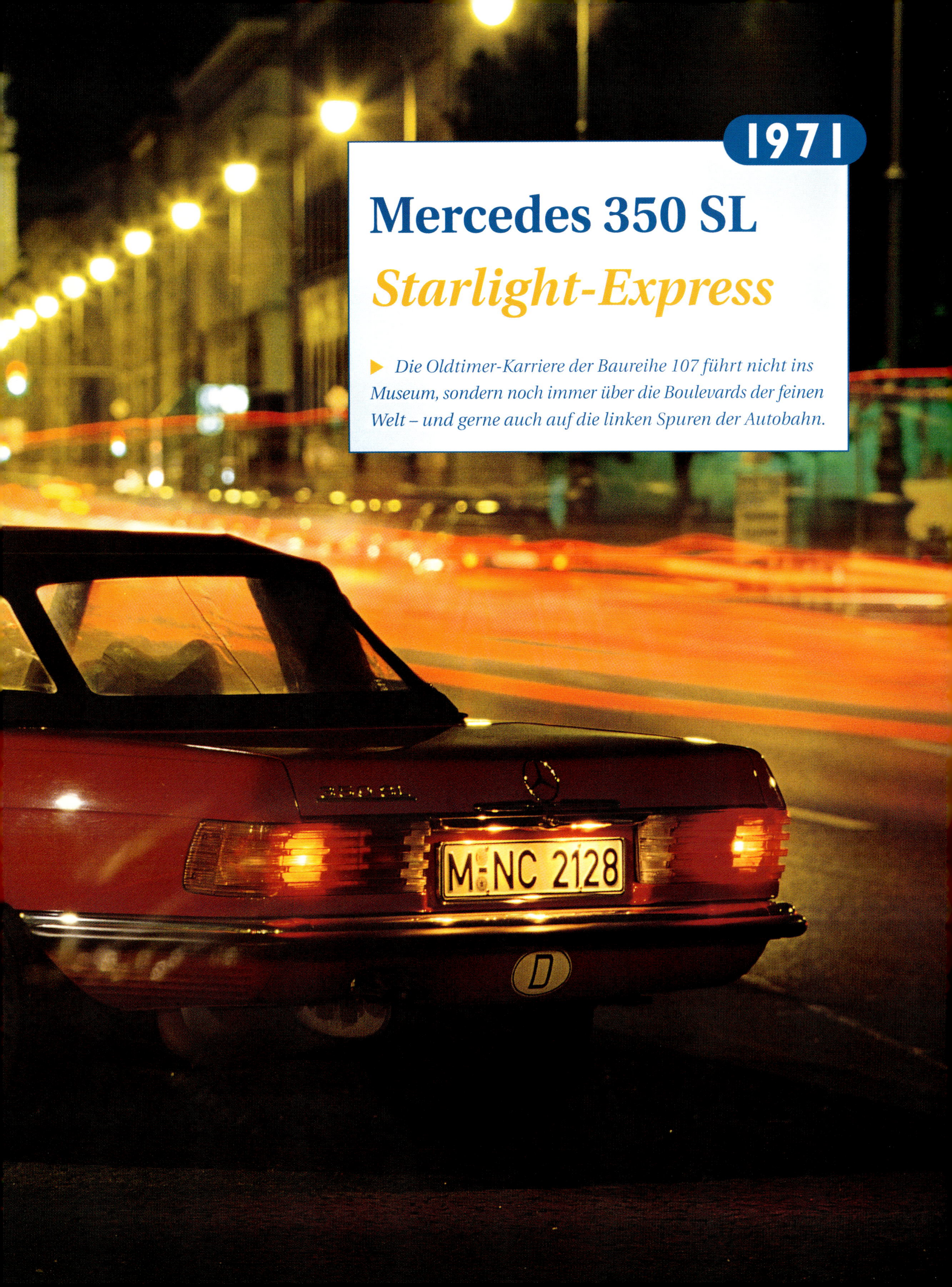

Dieses gleichmütige, dumpfe V8-Brutzeln, wenn sein Motor noch kalt ist. Sein bassiges Grummeln, das sich über die Warmfahrphase im Stadtverkehr legt. Das kehlige Murmeln beim zaghaften Hochbeschleunigen, das sich in ein tiefes, boshaftes Gurgeln verwandelt, wenn sich seine Karosserie aus den Federn hebt: Es war ursprünglich nicht vorgesehen.

Die gutturale Aussprache, ein typisches Erkennungszeichen des 350 SL, war vermutlich nicht einmal erwünscht. Denn eigentlich sollte sich der SL der neuen Generation ganz dezent in die siebziger Jahre flüstern: Ein Wankelmotor war im ersten Lastenheft von 1965 vorgesehen. Erst später wölbten sich die Motorhauben der Prototypen in die Höhe, weil nicht nur ein Achtzylinder-Motor darunterpassen sollte, sondern auch noch eine ganze Vergaserbatterie.

Das helle Sirren des Wankel-Triebwerks hätte nicht schlecht zu diesem neuen Auto und in die Zeit seiner Premiere gepasst. Mercedes setzte den SL mit der Chiffre 107 in eine automobile Welt, der Perfektion wichtiger war als Obsession.

Kenner der Mercedes-Geschichte wissen heute, dass es vor allem der Verzicht auf Eskapaden war, der für die Baureihe 107 zur Garantie des ewigen Lebens wurde. Und ganz bestimmt gehörte es auch zur Grundausstattung ihres Erfolgs, dass manche Kritiker ihren Mangel an handfesten Schwächen für eine typisch deutsche Art von Humorlosigkeit hielten.

Der Mercedes 350 SL war der erste Vertreter einer Art, deren Beständigkeit zum Denkmal werden sollte: Fast 20 Jahre lang blieb die Modellreihe im Programm, länger als jeder andere Mercedes davor und danach.

Der etwas unterkühlte Charme der Siebziger machte die Baureihe zwar nicht unsterblich, aber alterslos. Erst beim Blick in den Rückspiegel begreifen wir, dass sie in einem Jahrzehnt der Flokati-Teppiche, der penggrünen Hosenanzüge und samtbraunen Wohnlandschaften so etwas wie ein Urmeter der Geschmackssicherheit war. Noch in den Achtzigern, als sich der SL zum »Dallas«-Nebendarsteller herabließ, verblieb er als niveauvollstes Mitglied der Ewing-Sippe im Gedächtnis der kundigen Betrachter.

Historie

1968
Erster Prototyp.

1971
Deutschland-Premiere des 350 SL am 23. April. Im Oktober folgt der 350 SLC.

1973
Debüt des 450 SL/SLC (225 PS, 218 km/h) im März.

1974
Premiere des 280 SL/SLC (185 PS, 207 km/h) im Juli.

1977
Neues Topmodell: 450 SLC 5,0. Der erste Mercedes mit Serien-Heckspoiler leistet 240 PS und läuft 225 km/h.

1980
Neue Modellstruktur: Die 280-Typen laufen weiter, 350 und 450 werden von 380 und 500 SL/SLC ersetzt.

1981
Die Produktion der SLC-Coupés endet im September.

1985
Neue Motoren: 300 SL statt 280 SL, 420 SL statt 380 SL, 560 SL für den US-Markt.

1989
Produktionsende nach 237 287 SL-Roadstern.

▶ **Ein dickes Vierspeichen-Volant für die passive Sicherheit – aber Ästheten weinten um den filigranen Hupring der Pagode.**

Es brauchte Zeit, den SL und seinen Charakter schätzen zu lernen. Als seine Form noch ganz frisch war, stand sie mehr für gepflegte Langeweile als für Lustgefühle.

Der damalige *auto motor und sport*-Chefredakteur Reinhard Seiffert zählte zu den Kritikern, die vergeblich nach stilistischem Fortschritt suchten: »Beim 350 SL kann davon keine Rede sein.« Und er merkte an, dass fast allen Betrachtern des neuen SL der Pagoden-Vorgänger besser gefalle.

Der SL der Sechziger hatte auf die Mercedes-Entwickler zu weichlich gewirkt mit seinem sanften Hüftschwung und den fein ausmodellierten Radläufen. Der neue Roadster sollte muskulöser sein und die softe Aura hinter sich lassen, die den sportlichen Mercedes seit einer Kundin namens Nitribitt anhaftete. Im Lastenbuch der SL-Designer fand sich daher allen Ernstes der Wunsch des Mercedes-Vorstands nach einem männlichen Gesamteindruck.

Die Mercedes-Designer modellierten ihn aus einer Grundform, die Architekten gern lobend als »reduziert« beschreiben, aus kraftvollen Kanten und breiten Scheinwerfern im Cinemascope-Format, aus einem kantigen Kühler und dem üppigem Einsatz von verchromtem Metall.

Heute ist es speziell der glänzende Chrom, der einen 350 SL mit Gestrigkeit umgibt: Seine lackierten Raddeckel im Glitzerrand, die massive Umrahmung seines Kühlergrills, das Funkeln der Stoßstangen und Rückspiegel verraten am ehesten den jungen Klassiker, dessen Urmodelle schon auf die Abnahme zum H-Kennzeichen lauern.

Die Cockpits früher SL trugen noch keine Holz-Einlagen.

Die lakonische Sprache seiner Form dagegen lässt den High Tech-Sportler der Schlaghosen-Dekade nicht wirklich alt aussehen. Das gilt speziell dann, wenn ein früher 350 SL in befremdend neuwertigem Zustand überlebt hat wie der signalrote Roadster von Claudia Spies aus dem oberbayerischen Poing.
Sein erster Besitzer war Jahrgang 1903, und er fuhr den 350 SL fast 20 Jahre lang – keine 1000 Kilometer im Jahr. Die restliche Zeit verbrachte der 1974 gebaute Sportwagen in einer Schwabinger Garage, direkt neben dem Elternhaus von Claudia Spies.
Wie es sich für ein Automobil gehört, das sich spontanen Gefühlen verweigert, wuchs die Zuneigung seiner neuen Besitzerin mit gewisser Bedächtigkeit. »Eigentlich habe ich ihn als Kapitalanlage gekauft«, sagt die heutige Rechtsreferendarin, die den 350 SL nicht einmal auf sich zulassen wollte.
»Erst habe ich daran gedacht, ihn gleich wieder zu verkaufen. Dann sollte es im nächsten Frühjahr sein.« Vor sechs Jahren wurde sie Mitglied des Mercedes R/C 107-Clubs. Der geplante Besitzerwechsel ist auf den Sommer des Jahres 2015 vertagt: Die Tochter von Claudia Spies wird dann 18.
Sie wird ihren Spaß haben mit einem Klassiker, auf den niemals der Lebensherbst wartete. Der Besitz eines

▶ Der SL und seine Menschen: ein feinnerviger Sportwagen der Hautevolee.

Den V8-Motor gab es schon seit 1969 in der S-Klasse.

SL-Tradition: großer Chromstern im Kühlergrill.

▶ Die Rechteckscheinwerfer führte Mercedes mit dem SL ein, später bekamen sie alle Modelle der Siebziger.

Mercedes 350 SL fühlt sich heute an wie eine nicht allzu karge Aussteuer: kaum aufregend, aber abgrundtief beruhigend.
Das beginnt schon beim Einsteigen. Die Türen liegen so schwer in der Hand, als ließe sich aus einer von ihnen ein kompletter Smart pressen, und sie fallen mit dem tiefen Plopp-Ton der Siebziger in ihr Zapfenschloss.
Kein Detail, das nicht wirkt wie aus dem vollen geschnitzt, und kein Zentimeter, der sich nicht so anfasst, als trachte die Detailverarbeitung nach Ewigkeit. Für den Zeitgeschmack der siebziger Jahre kannte die Massivität aber auch schon Grenzen.
Eingemauert fühlten sich die ersten Tester im Cockpit des neuen SL – sie monierten die ungewohnt hohe Gürtellinie des SL, die heute Geborgenheit verspricht, das riesige Vierspeichen-Lenkrad und das Kunststoff-Armaturenbrett mit seiner wuchtigen Mittelkonsole. Erst viel später sollten sich Auto-Feinschmecker an den Triumph der Cockpits über die Bewegungsfreiheit gewöhnen.

Mit längerem Radstand erschien Ende 1971 der SLC.

Was heute viel nachhaltiger auffällt, sind die Dinge, die dem Interieur des Hochpreis-Sportwagens fehlen. Mercedes war vor fast 30 Jahren stolz, »auf Schalter-Kult und formalistische Spiele« verzichtet zu haben, wie es im ersten Prospekt von 1971 hieß.
Die Gestalter kultivierten statt dessen den spröden Chic der Überschaubarkeit: Das Kunststoff-Cockpit wirkt etwas zu aufgeräumt wie ein Wohnzimmer, in dem die TV-Zeitschriften auf Stoß liegen und die Fernbedienung im rechten Winkel dazu.
Im signalroten Spies-SL findet sich jedoch auch ein rares Feature, das Mercedes-Kenner heute ausgesprochen glücklich macht: der hoch aufragende Weichplastik-Schaltknauf, der auf das Vorhandensein eines Viergang-getriebes hindeutet.
SL-Kenner sind sogar bereit, das knochige Schaltgefühl und die Suche nach dem hakelnden Rückwärtsgang in Kauf zu nehmen, wenn das 300 Newtonmeter-Drehmoment des 350 SL bloß nicht im Wandler des viel bestellten Automatikgetriebes verraucht.
Ohne Kickdown-Gedenksekunde verwandelt sich der SL vom Boulevard-Cruiser zum Starlight-Express. Claudia

▶ **Geriffelte Blinker: Ihre Form wirkt schmutzabweisend.**

Spies gesteht zwar, ihrem 350 SL noch nie die Höchstgeschwindigkeit von 215 km/h zugemutet zu haben – »ich mag aber das Gefühl, dass ich es könnte.« Und wenn der 200 PS starke Aluminium-V8 unter der gewölbten Haube gurgelt und den SL aus den Federn hebt, schiebt er ihn in weniger als neun Sekunden bis zur 100 km/h-Marke.

Dann outet er sich in schnell gefahrenen Kurven als gnadenloser Untersteuerer. Er beweist seinem engagierten Fahrer, dass sich die heutigen Ansichten zum Seitenhalt der Sitze verfestigt haben wie der Zeitgeschmack, der keine feuerroten Hochpreis-Automobile mehr mit braun-olivefarbenen Pepita-Bezügen zuließe.

Aber heute darf sich ein SL auch in Bedächtigkeit versenken, speziell bei offenem Verdeck. Bei 100 km/h im vierten Gang zittert die Nadel des Drehzahlmessers im 3000er-Bereich. Der Wind streichelt den Scheitel des Fahrers so sanft, dass er moderne Windschotts ins Land der manieristischen Spielerei verweist. Und der Motor? Tatsächlich, beim Landstraßen-Cruising flüstert er nur noch – so, wie es ursprünglich einmal vorgesehen war.

Text: Christian Steiger
Fotos: Uli Jooß

Daten & Fakten Mercedes 350 SL

Motor

Achtzylinder-V-Motor, vorn längs eingebaut, je eine obenliegende Nockenwelle pro Zylinderreihe, angetrieben durch Kette, parallel hängende Ventile, betätigt über Schlepphebel, Bohrung x Hub 92 x 65,8 mm, Hubraum 3499 cm^3, Leistung 200 PS bei 5800/min, ab 1976: 195 PS bei 5500/min, ab 1978: 205 PS bei 5750/min, maximales Drehmoment 287 Newtonmeter bei 4000/min (200 PS), Gemischaufbereitung durch Bosch-D-Jetronic, ab 1976: K-Jetronic, 90-Liter-Tank im Heck

Kraftübertragung

Antrieb auf die Hinterräder, vollsynchronisiertes Vierganggetriebe, auf Wunsch Viergang-Automatikgetriebe, ab Juli 1972 Dreigangautomatik, Übersetzung (Schaltgetriebe): I. 3,96, II. 2,34, III. 1,43, IV. 1,00, Antrieb 3,46

Karosserie/Fahrwerk

Ganzstahlkarosserie, vorn Einzelradaufhängung an Doppelquerlenkern und Schraubenfedern, hinten Einzelradaufhängung an Schräglenkern und Schraubenfedern, vier Scheibenbremsen, Reifengröße 205/70 VR 14

Maße/Gewichte

Radstand/Länge 2460/4370, Breite/Höhe 1790/1290 mm, Spur vorn/hinten 1542/1440 mm, Leergewicht 1600 kg

Fahrleistungen/Verbrauch

Beschleunigung von 0-100 km/h in 8,4 s, Höchstgeschwindigkeit 215,6 km/h, Testverbrauch 17,1 Liter Superbenzin

Club

Mercedes-Benz R/C 107 SL Club Deutschland e.V., Gerhard Spenz, Schönauer Bach 11, 52072 Aachen, Tel. 0241/98000703, Fax 0241/98000703, http://www.107-sl-club.de

Die hohe Gürtellinie des SL vermittelt Geborgenheit.

350 SL
M NC 2128
D

ES
C 3123

1972

Volkswagen 1303 S Cabrio

Das Auto der Jahre

Als die Produktion des Käfer Cabrio 1980 endete, stand dieses Auto schon an der Schwelle zum Oldtimer. Clauspeter Becker kaufte seinerzeit ein neues Cabrio der späten Jahre und genoss es maßvoll bis heute. Unterwegs entdeckte er den idealen Weg zum perfekten und preiswerten Oldtimer: neu kaufen und dann einfach warten.

Die Gnade des Gescheitwerdens, wie sie dem Schwaben an seinem 40. Geburtstag angeblich zuteil wird, ließ bei mir ein wenig länger auf sich warten. Immer schon wollte ich offen fahren, aber es musste erst das Ende aller klassischen Offenheit drohen, bis ich mir den Wunsch nach frischer Brise mit einem Käfer Cabrio erfüllte und meine Midlife-Crisis prompt verpasste.

Das war in den späten, aber guten Jahren des Bestsellers. 1978 baute Karmann in Osnabrück 18511 Cabrios, 1979 sogar 19569 Stück, danach war anno 1980 mit den letzten 544 Sammler-Exemplaren endgültig Schluss. Das letzte Jahrzehnt des Käfer Cabrio war ohnehin das beste: Von den Baureihen 1302/1303 wurden zwischen 1970 und 1980 stolze 125411 Stück hergestellt, 23317 waren es allein 1971. Zuvor entstanden in mehr als 20 Jahren weitere 206436 auf der Basis des ursprünglichen Käfers. Aus heutiger Sicht war es immer ein höchst erschwingliches Vergnügen, ein Käfer Cabrio zu kaufen: Die Preiskurve begann 1948 bei 7500 Mark, sie sank 1955 auf einen Tiefpunkt bei 5990 Mark und stieg von da an kontinuierlich auf 6800 Mark im Jahr 1968. Zwei Jahre später kam mit dem VW 1302 ein steiler Anstieg auf rund 8000 Mark, und 1974 wurde die 10000er-Grenze überschritten.

Ein Preis, der klar über dem des Hartdach-Käfers lag, ohne dabei wirklich hoch zu sein, begründete vermutlich den gesellschaftlichen Erfolg des Käfer Cabrio. Er war damit ein Auto, mit dem sich Distanz nach unten, aber doch Bescheidenheit dokumentieren ließ. Damit war das Cabrio seinerzeit der natürliche Bewohner vornehmer Wohngegenden und der angesagte Zweitwagen im exclusiven Villenviertel. Es wurde regelmäßig gewartet, häufig gewechselt, überwiegend von einer gnädigen Frau gefahren und oft überhaupt nie geöffnet. Das Käfer Cabrio war auch, das kann ich zur Rechtfertigung meiner langen Abstinenz vorbringen, nicht die erste Wahl junger Leute.

1978 hat sich das geändert, die Herrschaften sind umgestiegen. Die Anschaffung eines Käfer Cabrio kostet so viel

Historie

1936
baut Porsche den ersten Prototyp eines VW Cabriolet.

1938
Das erste Vorserien-Cabriolet – mit 24 PS aus 983 cm³ – geht als Präsent an Adolf Hitler.

1948
Die Serienproduktion des VW Cabrio beginnt bei Karmann in Osnabrück-Motorleistung: 25 PS.

1953
Mehr Leistung für den Millionseller: 30 PS aus 1131 cm³.

1960
Große Modellpflege: noch stärkerer Motor (34 PS), vollsynchronisiertes Getriebe, Blinker statt der antiquierten Winker.

1965
Zur IAA debütiert der VW 1300 (1285 cm³, 40 PS).

1966
Nächste Runde im Wolfsburger Powerplay: VW 1500, 44 PS.

1970
Einführung des VW 1302 mit McPherson-Achse vorn und Schräglenkern hinten. Cabrio mit 1,6 Liter-Motor (1584 cm³, 50 PS).

1972
kommt der VW 1303 S mit gewölbter Windschutzscheibe und neuem Armaturenbrett.

1975
erhält die US-Ausführung Kraftstoffeinspritzung.

1980
Bei Karmann werden die letzten Cabrios von insgesamt 331874 Exemplaren produziert.

▶ **Die Scheinwerfer stehen seit 1967 senkrecht, die Blinker liegen seit 1974 in den Stoßstangen.**

wie das Trend-Auto Golf GTI: Reichlich 13 000 Mark sind nötig, um das einzige viersitzige Cabrio neben dem Rolls-Royce Corniche zu kaufen. Meines kostet 13 638,30 Mark, obwohl mir der Händler zehn Prozent Rabatt einräumt. Im Preis enthalten sind Extras, die heute für Erstaunen sorgen: eine Verbundglasscheibe für 137,50 Mark, eine heizbare Heckscheibe für 158,04 Mark, ein rechter Außenspiegel für 23,21 Mark, die Dreipunkt-Automatik-Sicherheitsgurte für 64,29 Mark. Gegönnt habe ich mir ferner die nicht besonders eleganten Sportscheibenräder mit den eindrucksvollen Pirelli Cinturato CN 36 der Größe 175/70 SR 15 für 418,75 Mark und das geschlitzte Frontblech für 8,92 Mark – falls mal ein Ölkühler nötig wird.
Zahlen muss ich auch 92,86 für die Sicherheitsfarbe Marsrot, die mir zeitloser scheint als das Metallic-Braun der damals vorherrschenden Mode. Ansonsten habe ich an Mehrausstattungen doch eher gespart, sogar die Kopfstützen für 130 Mark in der Bestellung weggelassen, weil sie so hässlich aus dem Cabrio ragen, wie ich zur Beschönigung meines Geizes finde. Aber das Auto hat sie dann trotzig und ganz ohne jede Berechnung. Also bleiben die Kopfstützen selbstverständlich an ihrem Platz.
Natürlich fährt mein Cabrio seit 18 Jahren ein Luxusleben, es wohnt in einer Garage und fährt nur an schönen Tagen aus. Es hat kaum den üblichen Rheumatismus im Verdeckgestänge, das Dach ist dicht wie am ersten Tag. Und den Salzgeschmack winterlicher Straßen kennt mein Cabrio auch nicht.
Aber sein Leben Tür an Tür mit einem Roadster ist nicht der reine Müßiggang. Mit seinen beiden Kofferräumen und dem Platz im Fond gewinnt der Käfer durch seine praktische Veranlagung, wenn es an umfangreiche Einkäufe, ans Bierholen oder ans Reisen im Familienkreise geht.
Der Käfer rettet den Sinn fürs Wesentliche im Leben aus einer Zeit, als Cabrios noch keine Spielzeuge waren.
Die späten Modelle 1302 und 1303 haben diese Qualität zur Perfektion gebracht. Durch den vergrößerten Vor-

▶ Spät in den Siebzigern gab es zwei Viersitzer-Cabrios auf der Welt: VW 1303 und Rolls-Royce Corniche.

ES-C 3123

Hinter seiner Panoramascheibe: ein gutbürgerliches Armaturenbrett mit Tachometer und Uhr.

derwagen (O-Ton VW) und die McPherson-Vorderachse hat der Kofferraum vorn für Käfer-Verhältnisse geradezu unermessliche Dimensionen gewonnen. Der zusätzliche Stauraum hinter der Rückbank verdoppelt das nutzbare Volumen. Insgesamt 400 Liter rühmt die Werksangabe, mit umgeklappter Rücksitzlehne sind es sogar 680. Dagegen sieht der junge Golf I recht blass aus: 350 und 700 Liter nach Wolfsburger Raumlehre. Aber im Golf Cabrio geht es bald bedeutend enger zu. Auch von den Viersitzer-Cabrios der Gegenwart packen nur wenige mehr.

Dieses gewisse Plus an Raum macht mir den Super-Beetle zum liebenswerten Cabrio auf Reisen, er zwingt uns nicht, wie das die Roadster tun, zu kurzen Wochenend-Eskapaden mit limitierter Wechselwäsche. Der Käfer trägt, wenn's sein darf, auch eine ganze Familie für ein paar Wochen in die Toskana, und auf dem Rückweg dürfen uns die herzige Christina und der stolze Tignanello aus dem Hause Antinori begleiten.

Als ich das Cabrio kaufte, hatte Porsche gerade bewiesen: Das Fahrwerk des Käfers ist zu Höherem geboren. Denn die Radaufhängungen des VW 1303 landeten zielsicher im Porsche 924 und taugten später noch für den 944. Ein Wunder war dies unter Kennern nicht, denn um den Kritikern des heckschleudernden Käfers das Maul zu stopfen, hatten VW und Porsche das Käfer-Fahrwerk schon für den 1302 mit Radführungen à la 911 gezähmt. Der offene 1303 zählt damit in den Siebzigern zu den gut liegenden Autos. Wie viel an Reserven in ihm ist, zeigt der Österreich-Importeur Porsche Salzburg mit einem 100 PS starken Rallye-Käfer, der in kurvenreichen Wettbewerben als energischer Konkurrent geachtet wird.

Die sportliche Vergangenheit steckt dem Käfer Cabrio ganz spürbar in den Achsen: Wenn ich aus der technischen Gegenwart in meinen Oldie zurückkehre, muss ich auf sein Alter nicht ängstlich Rücksicht nehmen. Der Käfer erklärt mir anhand der Kurven, dass es in jenen Tagen schon fahrstabile Autos gab wie ihn und den Golf GTI.

Mein langes Zögern beim Kauf wird mit einer besonders feinen Lenkung belohnt, denn für die letzten Jahre kommt die Zahnstangenlenkung des Golf in den Käfer und verwöhnte diesen mit Präzision und Leichtgängigkeit. Gedanken an ein Lenkservo kommen hier nicht mal beim Parken auf, aber gelenkt wird schließlich noch nach alte Väter Sitte mit einem 40 Zentimeter großen Riesenrad.

Die zunächst höchst erträgliche Leichtigkeit des Lenkens ergibt sich aus der minimalen Rückstellkraft der Räder, was jenseits von 80 km/h die Erfahrung vertieft, dass Geradeauslauf vor 20 Jahren eine zutiefst gefühlsbetonte Aufgabe des Fahrers war. Als Kontrapunkt dazu setzt dieser Käfer eine servofreie Bremse, deren stehendes Pedal zum Erzielen der vollen Verzögerung so nachdrücklich behandelt werden muss wie ein Fußball beim Elfmeter.

Derart barsche Tritte helfen wenig, wenn es um die Betätigung des Pedals rechts außen geht. So sehr man drauftritt, am anderen Ende des Gaszugs hängen maximal 50 PS. Das ist, wie wir es heute sehen, ziemlich wenig für ein Auto, das eine Tonne wiegt und bei weitem nicht so alt ist wie sein Motor.

Die Konstruktion des Vierzylinder-Boxers entstand 1934 in einer Nacht, also unter etwas ungewöhnlichen Bedingungen. Vorangegangen war dem flinken Entwurf eine Diskussion zwischen Professor Ferdinand Porsche und Franz Xaver Reimspieß. Porsche wollte einen Zweizylinder-Boxer in einer ansonsten eher komplizierten Machart. Reimspieß setzte dagegen sein Konzept eines einfachen Vierzylinders. Die Meinungsverschiedenheit endete mit der Aufforderung Porsches: »Wenn Sie bis morgen einen Vierzylinder auf dem Papier haben, der nicht mehr kostet als mein Zweizylinder, sehen wir weiter.« Reimspieß zeichnete die ganze Nacht. Morgens war der Motor fertig, Porsche zufrieden und Reimspieß um einen Hundertmarkschein reicher. Der One-Night-Stand-Motor wurde gebaut.

Die Weiterentwicklung der luftgekühlten Maschine verläuft bis 1970 relativ glücklich. Der Boxer ist zwar nicht der stärkste, nicht der sparsamste Motor, auch hat er mit der Leistung etwas Temperaturprobleme bekommen, aber er macht der VW-Werbung alle Ehre: Er läuft und läuft.

VW 1303, der beste Käfer aller Zeiten.

Elefantenfüße lautete der Spitzname der großen Rücklichter, die der Käfer 1972 bekam.

Das aber ändert sich 1970 bei den Modellen 1302. Denn von dem neuen Motor mit 1,6 Liter Hubraum und 50 PS heißt es bald: Er säuft und säuft.

Zwar bekommen Volkswagen und der Vergaserlieferant Pierburg (Solex) die Sache in den Griff, aber die Zeit ist am alten Boxer vorübergezogen. Er erfüllt weder die zeitgemäßen Ansprüche an Leistung und Drehmoment noch die an Laufkultur und Verbrauch.

Mit träger, aber durstiger Kraftentfaltung macht mir mein Käfer klar, dass der Motor das antiquierteste Stück Technik an diesem Volkswagen ist. Die chronische Schwäche, die den Boxer immer plagt – zuerst mit 25 PS, zuletzt mit 50 – bringt nach Tunervater Gerhard Oettinger noch viele Leistungssteigerer ins Geschäft. Und je stärker dieser Motor wird, desto besser läuft dieses Gewerbe. Besonders gern erinnert sich der Essener Tuner Theo Decker an die frühen Siebziger, als das Geschäft mit seinen Zweivergaseranlagen besonders gut lief. »Weil wir zehn PS mehr Leistung und zwei Liter weniger Verbrauch verkaufen konnten.«

Das professionelle Tuning einer renommierten Werkstatt gilt bei Käfern nicht als Verstoß gegen die Originalität. Und die mehr als 40 Jahre währende Tradition der Leistungssteigerung ist längst ein Spiel mit hohen Grenzen, die jenseits von drei Liter Hubraum, 200 PS und 20000 Mark liegen.
Da mein Käfer die sanfte Erlösung aus einem reparaturreichen Lebensabschnitt voller getunter Autos ist, liegt der Zweilitermotor als stille Reserve im Regal, und ich ertrage geduldig die Weisheit der Entscheidung, dass andere Autos zum Schnellfahren besser sind.
Statt der möglichen 100 PS genieße ich die Gewissheit, dass in meiner Garage der geborene und ideale Oldtimer steht. Denn der Käfer zählt zu einer ausgestorbenen Gattung von Autos, die sich mit ganz normalem Werkzeug zerlegen und reparieren lassen. Seine Karosserie kann auf der Jagd nach dem Rost vom Chassis gehoben werden. Und mit dem Ende der Ersatzteilversorgung

Daten & Fakten VW 1303 Cabriolet

Motor
Vierzylinder-Boxermotor im Heck, zentrale Nockenwelle, Ventile über Stoßstangen und Kipphebel betätigt, Bohrung x Hub 75 x 64 mm, Hubraum 1131 cm³, Verdichtungsverhältnis 5,8:1, Leistung 25 PS bei 3300/min, max. Drehmoment 6,8 mkp bei 2000/min, Solex-Fallstromvergaser 26 VFIS; ab Dezember 1953: Bohrung x Hub 77 x 64 mm, Hubraum 1192 cm³, Verdichtungsverhältnis 6,6:1, Leistung 30 PS bei 3400/min, max. Drehmoment 7,7 mkp bei 2000/min, Solex-Fallstromvergaser 28 PCI; ab August 1960: Verdichtungsverhältnis 7:1, Leistung 34 PS bei 3600/min, max. Drehmoment 8,4 mpk bei 2000/min, Solex-Fallstromvergaser 28 PICT, ab August 1965: Bohrung x Hub 77 x 69 mm, Hubraum 1285 cm³, Verdichtungsverhältnis 7,3:1, Leistung 40 PS bei 4000/min; ab August 1966: Bohrung x Hub 83 x 69 mm, Hubraum 1493 cm³, Verdichtungsverhältnis 7,5:1, Leistung 44 PS bei 4000/min, max. Drehmoment 10,2 mkp bei 2000/min, Solex-Fallstromvergaser 30 PICT, ab August 1970: Bohrung x Hub 85,5 x 69 mm, Hubraum 1584 cm³, Verdichtungsverhältnis 7,5:1, Leistung 30 PS bei 4000/min, max. Drehmoment 10,8 mkp bei 2800/min, Solex-Fallstromvergaser 34 PICT

Kraftübertragung
Antrieb auf die Hinterräder, Viergang-getriebe, Übersetzungen: I. 3,6, II. 2,07, III. 1.25, IV. 0,8, R. 6,59, Achse 4,43; ab Oktober 1952: II./III./IV. Gang synchronisiert, Übersetzungen (1955): I. 3,6, II. 1,88, III. 1,23, IV. 0,82, R. 4,63, Achse 4,43; ab August 1960: vollsynchronisiertes Getriebe, Übersetzungen (1962): I. 3,80, II. 2,06, III. 1,32, IV. 0189, R. 3,88, Achse 4,375; Übersetzungen (1971): I. 3,80, II. 2,06, III. 1,26, IV. 0,89, R. 3,88, Achse 4,125

Karosserie/Fahrwerk
Plattformrahmen mit Mittelträger, vorne Einzelradaufhängung, an längsliegenden Kurbellenkern und Quertorsionsstabfedern, hinten Schwingachse mit Längslenker und Quertorsionsstabfedern, vorne und hinten Teleskopstoßdämpfer, Spindellenkung; ab August 1970: vorne Federbeine, Querlenker und Schraubenfedern, Kurvenstabilisator, hinten Einzelradaufhängung mit Doppelgelenkachse, Längs- und Schräglenker, querliegende Drehfederstäbe, Teleskopstoßdämpfer, vorne Scheibenbremse (ab August 1966)

Abmessungen/Gewichte
Radstand 2400 mm, Außenmaße 4050 x 1840 x 1500 mm, Leergewicht 780 kg, Radstand (1971) 2420 mm; Außenmaße (1971): 4080 x 1585 x 1500 mm, Leergewicht (1971) 920 kg

Fahrleistungen
Beschleunigung von 0 auf 100 km/h 21,6 s, Höchstgeschwindigk. 135,3 km/h

Bauzeit
Juni 1949 bis Januar 1980

Stückzahl
331 847 Exemplare

Club
1. Bonner Käfer Cabrio Club e.V., Tel. 0228/644559

Der Käfer-Motor mit 1,6 Liter Hubraum und 50 PS begann seine Karriere mit großem Durst, der erst später gezügelt wurde – nicht selten durch eine Zweivergaseranlage, die für 60 PS sorgte.

Der vordere Kofferraum gewann 1970 durch die McPherson-Achse an Größe.

rechne ich nicht vor dem jüngsten Tag. Ich sehe also sehr beruhigt in die Zukunft, die weiter reichen sollte als die ersten 22 Jahre meines Cabrio, auf dem längst die Verpflichtung liegt, es später mal in gutem Zustand zu vererben. Nur wenn ich gelegentlich darüber nachdenke, mir einen zweiten nagelneuen Oldtimer zu kaufen, dann frage ich mich doch ein wenig ratlos: »Welchen?«

Text: Clauspeter Becker
Fotos: Reinhard Schmid

▶ **Starker Abgang: Bevor die Produktion auslief, erlebte das Cabrio einen Lebensherbst mit vollen Auftragsbüchern.**

HER FT 924

1975

Porsche 924

Moderne Zeiten

Intensiv dachte Porsche Anfang der Siebziger über die eigene Zukunft nach. Das erste Ergebnis schockte viele Fans: Der wassergekühlte Frontmotor des 924 brach mit allen Traditionen des Hauses.

Es ist gar nicht so wichtig, ob Sie vorn oder hinten antreiben, ob Sie mit Luft oder Wasser kühlen«, stellte Ferry Porsche 1969 fest. »Wichtig ist, wie gut Sie das tun.«

Das war typisch für Porsche. Ihn interessierte die Technik seiner Sportwagen mehr als die Emotionen gusseiserner Fans, die einen luftgekühlten Heckmotor zum alleinigen Dogma erhoben hatten. Als 1975 das Debüt des Porsche 924 bevorstand, fürchteten sie eine Palastrevolution.

Manche standen fassungslos vor dem wassergekühlten Vierzylinder im Bug, andere gossen bissigen Spott über der Zuffenhausener Porsche-Zentrale aus. Sie sorgten sich um die Reputation des bislang so exclusiven Porsche-Labels und stöhnten laut auf, als Vorstandschef Ernst Fuhrmann 1977 das bevorstehende Ende ihres All-Time-Greats skizzierte: »Es wird wohl noch zwei bis drei Jahre dauern, bis die Fertigung des 911 eingestellt werden kann.« Selbst die Belegschaft des Stuttgarter Werks vermisste beim 924 den eigenen Stallgeruch, weil Porsche den Youngster als Auftragsarbeit bei Audi/NSU in Neckarsulm montieren ließ.

Seither hat sich die Situation nur wenig verändert. Während der Boxer seinen Jungbrunnen gefunden hat, leidet der 924 auch ein knappes Vierteljahrhundert nach seiner Premiere noch immer unter Liebesentzug. Selbst sein guter Name entfacht nur selten Leidenschaft: Als Dumping-Angebot stehen sich heute die Vierzylinder bei Gebrauchtwagenhändlern die Reifen platt.

Doch die absurd niedrigen Preise gut erhaltener 924 sind ein Irrtum: Mehr Gegenwert fürs Geld bietet kein anderes Sportcoupé. In der Zweiliter-Klasse mischt der kleine Porsche immer noch ganz vorn mit: »Dauergeschwindigkeiten von über 180 km/h lassen sich mühelos halten«, lobte *auto motor und sport*-Tester Gert Hack 1975. Die Straßenlage des 924 blieb dabei sicher und unspektakulär, und selbstsicher durchbrach er die 200 km/h-Schallmauer. Nur etwas dünn und blechern klang der Vierzylinder dabei.

Sein Temperament erkauft sich der 924 nicht mit kapriziösen Extravaganzen. Die Technik geriet so alltagsfest, dass der Porsche erst nach 20 000 Kilometern um eine Durchsicht bittet. Auch an der Tankstelle bleibt der 924 asketisch: Unter dem Eindruck der Energiekrise hatten

Historie

▶ 1975

Die Produktion wird aufgenommen: Porsche baut den ersten Vierzylinder-Sportwagen seiner Geschichte. Die Karosserie ist weitgehend verzinkt, Porsche gibt bereits eine Sechs-Jahres-Garantie gegen Durchrostung.

▶ 1976

Porsche montiert auf Wunsch eine Dreigangautomatik.

▶ 1977

Bessere Fahreigenschaften durch überarbeitete hintere Radaufhängung.

▶ 1978

Der Porsche 924 Turbo erreicht mit 170 PS eine Spitze von 225 km/h. Er wird bis 1983 gebaut.

▶ 1979

Der 924 erhält ein von Porsche entwickeltes Fünfganggetriebe.

▶ 1980

Porsche baut 400 Stück des 924 Carrera GT.

▶ 1981

Der 924 Carrera GTS war ein rassiger Sportwagen – Auflage: 59 Exemplare.

▶ 1985

Der Porsche 924 S löst mit dem 150 PS starken 944-Motor den 924 ab.

▶ 1988

Nach dem Produktionsende des 924 S lebt die Karosserieform noch im bulligeren 944 weiter.

Die große Glaskuppel sorgt für einen lichtdurchfluteten Innenraum – und für brütende Hitze im Sommer.

Familiensinn: der schnelle Name am Heck.

die Porsche-Ingenieure dem Triebwerk zurückhaltende Trinksitten auferlegt. Test-Pilot Hack verbrauchte im Mittel rund zehn Liter, viele Besitzer bewegen ihn deutlich sparsamer.

Die strafende Missachtung der Porsche-Fans milderte das nicht. Viel zu diskret und farblos schien ihnen der 924, um am ruhmreichen Marken-Mythos teilzuhaben, das der 911 mit so viel Enthusiasmus ausfüllte. Dabei übersah die Boxer-Gemeinde, dass der Techniker Ferry Porsche seinem Credo treu geblieben war. Der 924, schrieb der Christophorus, vertrete Porsches »klassische Sportwagen-Idee, dem Fahrer ein optimales Instrument in die Hand zu geben«.

Porsches Zukunft war unsicher, seit gesperrte Ölhähne für eine erste Energiekrise gesorgt hatten. Als Sportwagenhersteller setzten die Ingenieure in Porsches Weissacher Denkfabrik ganz auf Funktionalismus und technisches Kalkül. In der aufgeheizten Energiediskussion

Sport-Attribute: knackiger Schalthebel, Karo-Sitze.

Schlicht: Armaturenbrett und Interieur im zeittypischen Porsche-Design. Aufregender sieht es auch in einem Elfer nicht aus.

Motor von Audi: zu wenig Würde für Porsche?

wollten sie mit sachlichen Argumenten kontern. Ohne Schnörkel hatte Chef-Stylist Anatole Lapine die Linie des neuen Porsche-Sportlers gezeichnet. Die intensive Arbeit an den Details lohnte sich: Mit integrierten Stoßfängern, verdeckten Scheibenwischern und einer flachen Haube, in die sich Klappscheinwerfer duckten, erreichte der 924 einen c_W-Wert von 0,36 – ein neuer Weltrekord für Straßenfahrzeuge. Einen Spoiler bemühte Lapine dafür nicht.

Der schlanke 2+2-Sitzer tritt mit seiner flachen Schnauze heute noch so frisch auf, dass die roten Oldtimerkennzeichen irritieren, die einige frühe Modelle bereits tragen. Betont sachlich, ohne unfreundlich zu wirken, geben sich Accessoires wie die riesige Glaskuppel, die das hohe Heck leicht wirken lässt. Neben Licht flutete allerdings im Sommer auch viel Wärme in das Cockpit des 924.

Das Interieur räumt mit letzten Zweifeln am sportlichen Ehrgeiz des kleinen Porsche auf. Unerwartet tief sitzt der Fahrer auf den gut konturierten Sitzen, die der 911 spendierte. Und während die Piloten des klassischen Boxers sich mit einer langen Schaltstange arrangieren mussten, die einsam aus dem Boden ragte, lag der kurze Knüppel des 924 dem Piloten gut in der Hand. Dahinter wuchs eine üppige, mit drei zusätzlichen Instrumenten bestückte Mittelkonsole empor, von der die Sportwagenpiloten der Siebziger träumten.

Porsche setzte auf Qualität. In den rostreichen siebziger Jahren, als selbst noble Limousinen oft nach wenigen Wintern bereits unter heftigem Lochfraß litten, garantierten die Stuttgarter Sportwagenbauer bereits sechs Jahre Ruhe vor dem Gilb. Als erster Hersteller griffen sie zu feuerverzinktem Blech. Kein Kunde soll die Garantie je in Anspruch genommen haben.

Von der VW-Porsche-Vertriebsgesellschaft war 1970 die Initiative für das 924-Projekt ausgegangen. Porsche sollte den Nachfolger für den Mittelmotor-Sportler 914 entwickeln.

Wesentliche Eckdaten des Lastenhefts hatten diesmal jedoch die Kaufleute diktiert: Sie forderten einen Innenraum im 911-Format, dazu ein deutlich größeres Kofferabteil und mehr Komfort bei einem niedrigen Preis. Den erhofften sie sich durch den Einbau preiswerter Großserienkomponenten aus den VW- und Audi-Regalen. Die Weissacher Ingenieure entwickelten ein virtuoses

Ohne heute alt zu wirken, verrät die Silhouette die Handschrift der Siebziger.

▶ **Noch immer ist der 924 nicht alt geworden. Seine schnörkellosen Linien folgten vor über zwanzig Jahren bereits einer zeitlosen Moderne.**

Kombinationsgeschick. Ihre Shoppingliste lässt kein wesentliches Konzern-Modell jener Jahre aus: Die vorderen Federbeine und Teile der Trommelbremsen lieferte der 1303-Käfer, der militärerprobte VW 181 steuerte Drehstäbe und Antriebswellen bei, während der noch in den Entwicklungsabteilungen weilende Golf Komponenten zur Vorderradaufhängung spendierte. Die Idee zur Hinterachse stammt dagegen von der Ikone 911. Sie wurde von den Weissacher Ingenieuren mit Käfer- und Transporter-Teilen realisiert.

Das Grundprinzip für den kleinen Sportler übernahmen die Ingenieure von einem hausinternen Entwicklungsauftrag: Der neue Porsche 928, der Ende der Siebziger als designierter Elfer-Erbe gehandelt wurde, lieferte das Layout der Transaxle-Bauweise – Motor vorn, Getriebe und Antrieb im Heck.

Ein starres Rohr verbindet die beiden Komponenten und trägt die vierfach gelagerte Kardanwelle. Das hartnäckige Gerücht, Porsche habe mit dem Audi 100-Motor simple Regalware unter die vordere Haube des 924

geschraubt, hält sich bis heute. Doch die Weissacher Entwickler haben das Triebwerk überarbeitet und organisierten die Gemischbereitung mittels einer modernen K-Jetronic, die beim 911 schon gute Leistungen zeigte. Mit seiner zahnriemengetriebenen, obenliegenden Nockenwelle leistete der von Porsche montierte Motor anschließend stramme 125 PS.

Erst kurz vor der Premiere war VW aus dem gemeinsamen Projekt ausgestiegen. Porsche gelang es, die Rechte am eigenen Entwurf zu kaufen: »Wir haben um dieses Auto gekämpft«, sagte Porsche-Vertriebschef Lars Schmidt. Die Verkäufe gaben ihm zunächst recht. Doch 20 Jahre nach der Transaxle-Premiere endete Porsches Frontmotor-Episode mit einem nahezu perfekten, aber glücklosen Porsche 968. Dabei hatte der *Christophorus* 1975 den neuen 924 als legitimen Nachfolger der Porsche-Ahnen gepriesen: »In seiner rationellen Konstruktion tritt der 924 das Erbe des unvergessenen 356 an.« Bis heute haben ihm viele Fans dieses Erbe nicht zuerkannt. Und solange das so bleibt, bietet der 924 die preiswerteste Gelegenheit, den Porsche-Mythos zu erleben.

Text: Thomas Wirth
Fotos: Michel de Vries

Daten & Fakten Porsche 924

Motor
Vierzylinder-Reihenmotor, Wasserkühlung, hängende Ventile, fünffach gelagerte Kurbelwelle, obenliegende Nockenwelle, Bohrung x Hub 86,5 x 84,4 mm, Verdichtung 9,3:1, Hubraum 1984 cm^3, Leistung 125 PS bei 5800/min

Kraftübertragung
Hinterradantrieb, Transaxle-Bauweise mit Vierganggetriebe (ab 1980: Fünfganggetriebe) an der Hinterachse, Einscheiben-Trockenkupplung

Karosserie/Fahrwerk
Selbsttragende Stahlblechkarosserie, Radführung vorn an Federbeinen und Querlenkern, hinten an Schräglenkern mit querliegenden Drehstäben, Bremsen: vorn Scheiben, hinten Trommeln

Maße/Gewicht
Länge/Radstand 4200/2400 mm, Breite/Höhe 1685/1270 mm, Fahrzeuggewicht 1080 Kilogramm

Fahrleistung/Verbrauch
Höchstgeschwindigkeit 204 km/h, Verbrauch rund zehn Liter/100 km

Bauzeit
1975 bis 1988

Club
Porsche Club 924/944 Deutschland e.V., Ulrich Kämpfer, Postfach 1251, 59555 Lippstadt, Tel. 02941/97270, Fax 02941/972777

1976

Mercedes 280 CE

Junge Liebe

▶ *Auf dem Kühler steckt der Stern. Die Coupé-Karosserie trägt reichlich Chrom. Sie ist nun über 25 Jahre alt. Kein Mercedes mit diesen Erbanlagen, der nicht den Weg vom Gebrauchtwagen zum Sammlerstück geschafft hätte. Als nächstes sind die Coupés der populären W 123-Reihe dran.*

Jeder Mercedes ist für manche Besitzer der letzte echte Mercedes. Es muss nur schon sein Nachfolger im Laden stehen.

In den Fünfzigern taugte ein neues Modell aus Stuttgart noch zum Kulturschock, in den Siebzigern immerhin zu aufgeregten Stammtischdebatten. Aber niemals zuvor und nie wieder danach gab es ähnliche Trauer wie im Spätherbst 1984, als Mercedes die populäre W 123-Baureihe ins Museum rollte.

Für Deutschlands Droschkenkutscher war sie der letzte echte Mercedes, weil der neue zu Anfang mit Kinderkrankheiten und Bonanza-Geruckel nervte. Nicht wenige Nostalgiker beweinten die letzten massiven Chromstoßstangen auf dem deutschen Automobilmarkt. Und eine gar nicht kleine Klientel trauerte um das populärste Coupé, das die Sindelfinger Werkshallen jemals verlassen hatte: Nur 116 Exemplare fehlten, und Mercedes hätte den 100 000. W 123 mit dem silbernen C am Heck gebaut.

Die meisten Erstbesitzer, die in den Achtzigern ein Coupé fuhren, besaßen Bungalows mit verwaisten Kinderzimmern, sie trugen die Haare silbermetallic oder toupiert und reservierten die hintere Rückbank für Passagiere mit vier Pfoten. Sie hielten ihren Coupés meist lange die Treue, denn erst 1987 servierte Stuttgart wieder einen Nachfolger, der aber nicht nur ein ganzes Stück teurer war, sondern auch erschütternd sachlich.

Den Anblick hellgrauer Seitenleisten, nach ihrem Designer auch Sacco-Bretter genannt, zu schneeweißem Lack verkrafteten nur wenige Automobilisten, die ihren alten 280 CE mit seinen Chromrahmen um die Fensterflanken lieben gelernt hatten. Irgendwann müssen sie

Viele Coupé-Kunden wünschten sich ein grazileres Volant. Es blieb beim Riesen-Rad.

sich wohl doch an ein neues Auto gewöhnt haben, denn inzwischen hat um das alte C-Modell ein Generationswechsel stattgefunden, wie ihn sich das Mutterhaus Mercedes für die aktuelle CLK-Klasse noch erträumt: Das Coupé ist nicht mehr allein in den Händen reifer Herrschaften, sondern auch das Hätschel-Automobil einer jungen, begeisterten Kundschaft.

Eine Handvoll Mercedes W 123-Fans kannte Coupé-Besitzer Matthias Krause aus dem hessischen Ronshausen, als er im vergangenen Frühjahr zur Gründung eines Clubs aufrief. Ein halbes Jahr später zählte die buchstäblich junge Gemeinschaft über 100 Mitglieder.

Die meisten von ihnen sind noch keine 30, viele haben zwei oder mehr ihrer geliebten Coupé in der Garage, und manche stellen sich schon ein gut erhaltenes T-Modell zur Seite. »Das ist der Trend-Klassiker von morgen – der erste Serienkombi von Mercedes«, prophezeit Krause, der nach einem exzellenten T noch sucht, das Coupé seiner Träume aber längst gefunden hat. Aus erster Rentnerhand, natürlich. Begegnung mit einem der allerletzten 280 CE, gebaut im Sommer 1985: Erst der makellose Zustand des dunkelrotmetallic lackierten Coupés ruft wach, wie lautlos sich ein verbreiteter Autotyp von der Straße stiehlt. Wirklich gute Exemplare sind rar geworden – eine Erkenntnis, die jeder angeschlagene 240 D erhärtet, der in letzter Hand durch den Stadtverkehr nagelt.

Trotzdem ist der CE natürlich ein Klassiker von bemerkenswerter Jugend – immerhin könnte er noch einen 190 E als Nachbarn im Schauraum erlebt haben. Auf der anderen Seite stammt er ganz offensichtlich aus einer Welt vor unserer Zeit.

Das beweist ein Blick auf die Lackmuster-Karte. Die Farben, in denen Mercedes die ersten Coupés lieferte, könnten auch aus dem gleich alten Katalog eines Küchenstudios stammen: Einstmals modische Töne wie Cayenneorange oder Mimosengelb sehen in Wirklichkeit genauso schrill aus, wie man sich das für ein Automobil des Premierenjahres 1977 vorstellen muss.

Es war vor 20 Jahren auch die Zeit, als das Stuttgarter Stammhaus in seiner ersten Coupé-Pressemappe nicht von Designern sprechen wollte, sondern von »Stilisten, wie es bei Mercedes-Benz heisst«. Und die durften sich nicht etwa »vom Geruch des Genial-Intuitiven« oder sogar »Eingebungen des Augenblicks leiten lassen« – vor »anfälliger Exotik« rümpften die Stuttgarter Texter pikiert die Nase.

Heute klingen die 20jährigen Werbesprüche viel versöhnlicher als damals – und die strenge Linie des Stammhauses sorgt für verklärte Blicke der Nostalgiker. Das Armaturenbrett mit seinen drei großen Uhren, dem riesigen Lenkrad und den edelmatt glänzenden Holzeinlagen, die herrlich glatten Ledersitze und der Blick über die große, flache Motorhaube wecken echte Klassiker-Gefühle.

Es ist ein Bewusstsein aus Rührung, Stolz und Lässigkeit, das den Gasfuß bremst und die lederbezogene Mittel-

▶ Die Scheinwerfer-Wischwaschanlage stand schon 1972 im Aufpreiskatalog des Vorgängers.

▶ Coupé-Kenner lieben den feinen Chromschmuck.

▶ Der feine Chic des Coupés lockte eine zumeist reifere Kundschaft. Sie verjüngt sich jetzt allmählich.

383

Der 280 CE ist ein erstaunlich handliches Auto, sein Fahrwerk lässt noch immer souveränes Reisen zu.

armlehne zum Spender gesteigerter Behaglichkeit macht. Kickdown-Ampelstarts wären in diesem Milieu so unpassend wie der Wunsch nach einem bunten Momo-Sportlenkrad.

Dabei gehörte ein 280 CE einst zur ersten Garnitur der linken Autobahnspuren, und noch für heutige Begriffe ist er ein agiles Automobil. Der Doppelnockenwellen-Motor, der mit seiner wuchtigen Architektur den Motorraum fällt, lebte auch in der zeitgenössischen S-Klasse und im SL, der mit dieser Basismotorisierung immerhin zum Porsche-Rivalen taugte.

Das 185 PS-Triebwerk befasst sich allerdings schon an Bord des W 123-Coupés mit stolzen 1500 Kilogramm Leergewicht. Die großzügige Verarbeitung sorgt dafür, dass sich die Karosserie trotz fehlender B-Säule jedes Knistern oder Knarzen verkneift.

Design-Klassiker: Das Alurad ist typisch für alle Mercedes-Modelle der Siebziger.

Echtlederpolster und vordere Mittelarmlehne sind heißbegehrte Mehrpreis-Details.

Freilich ist es nicht nur der Verzicht auf jeglichen Leichtbau, der am Biss des Coupés zehrt. In den meisten Fällen ist auch eine Viergangautomatik im Spiel, deren Charakter bevorzugt mit spitzem Gasfuß harmoniert. Wer den Hebel mit Schwung niederkämpft, wartet für einen Augenblick vergebens auf den Schub, der ihn in die weichen Sessel drücken könnte: Statt dessen herrscht trockenes Schweigen, der Motor scheint seine beiden Nockenwellen erst kurz strecken zu müssen, bevor er sich zum Elf-Sekunden-Sprint auf 100 km/h bemüht.
Mit dem selteneren Viergang-Schaltgetriebe erledigt der 280er den Sprint nur eine Sekunde schneller, aber er verwandelt sich im Gefühl des Fahrers vom beschaulichen Fuhrwerk zum Sportgerät, zu dem nur die indirekte Auslegung seiner serienmäßigen Servolenkung nicht recht passen will. Oder vielleicht doch?

Dass man sich am Verwöhn-Aroma eines Mercedes-Coupés auch beim Cruisen delektieren kann, bewiesen die Amerikaner. Sie liebten ihn in einer Export-Version, bei der fast 100 PS weniger am Tempomat hingen. Statt des Doppelnockers prasselte unter der Haube der Fünfzylinder-Selbstzünder des 300 D. Selbst damit ließ sich gut leben, wenn der vernehmliche Motor nur in der subtilen Hülle des Coupés verpackt war.
Die Mercedes-Texter hielten in ihrem Prospekt die passende Prophezeiung bereit. Der Spruch ist 20 Jahre alt, er weist aber trotzdem in die Zukunft des jungen Klassikers: »Zeitlose Eleganz, keine Schnörkel: Die Karosserieform des Coupés hat das Format für viele Jahre«.

Text: Christian Steiger
Fotos: Reinhard Mutschler, Reinhard Schmid

▶ **Monumental-Motor: Der Sechszylinder leistet 185 PS.**

Daten & Fakten Mercedes-Benz W 123 Coupé

▶ Motor
Sechszylinder-Reihenmotor, Bohrung x Hub 86,0 x 78,8 mm, Hubraum 2746 cm^3, Leistung 177 PS bei 6000/min, ab 1978 185 PS bei 5800/min, Drehmoment 235 Nm bei 4500/min. Weitere Motorvarianten: 230 C (109 PS), 230 CE (136 PS, ab 1980), 280 C (156 PS, bis 1980), 300 CO/CD Turbo (88/125 PS, nur für die USA)

▶ Kraftübertragung
Viergang-Schaltgetriebe, ab 1982 auch Fünfganggetriebe, ab 1977 Viergang-Automatikgetriebe (jeweils auf Wunsch)

▶ Fahrwerk
Selbsttragende Karosserie, vorn Einzelradaufhängung an Doppelquerlenkern und Schraubenfedern, hinten Einzelradaufhängung an Schräglenkern und Schraubenfedern, vier Scheibenbremsen

▶ Maße/Gewicht
Radstand/Länge 2710/4640 mm (Limousine: 2795/4725 mm), Breite/Höhe 1786/1395 mm, Gewicht 1510 kg

▶ Bauzeit/Stückzahl
1977 bis 1985/99 884

▶ Club
MB W 123 Coupé Club Deutschland, Südallee 70, 40593 Düsseldorf, Tel. 02 11/709 03 99, Fax 02 11/709 03 84, e-Mail: W123Coupé@aol.com

Noch in den Achtzigern transportierte ein 280 CE die Formensprache der Sechziger: Kraft, Chrom, Zeitlosigkeit.

ES X 2839

1978

Ford Capri III 2.8 i

Capri-Sonne

▶ *Viele haben nicht überlebt. Die Nächte der späten Capri waren lang und hart: Sie wurden zwischen Disco-Parkplatz und Bundeswehrkaserne zerrieben. Für originale Capri III aber geht wieder die Sonne auf: Sie sind auf dem Weg zum Klassiker.*

Ford in Köln warb Mitte der siebziger Jahre mit einem braven Slogan für ein allzu braves Coupé. Der Capri II versprach »Technik, die Spaß macht«, aber die Kundschaft war anderer Meinung: Die Capri-Verkaufszahlen waren 1975 um die Hälfte gesunken.
Schuld war die Konkurrenz. Die packte den Zeitgeist viel kräftiger am Schlafittchen – mit Werbeauftritten, deren Hauptdarsteller scheinbar die Lord Extra mit dem joint verwechselt hatten. Wenn die Anzeigenstatisten des Rivalen Opel in ihren Mittelklasse-Sportcoupés saßen, tauchten sie in Nächte aus Neon und psychedelischem Licht. Ein Ziel dieser Foto-Fahrten war Monaco: »Ich träumte, ich fuhr mit dem neuen Manta zum Rendezvous mit Caroline«.
So surreal führten die Hessen 1975 ihren Manta B ein – und eroberten sich mit dem neuen Coupé prompt den ersten Platz vor deutschen Discotheken.
Der einstige Trendsetter aus Köln schien dagegen abgemeldet. Dabei hatte Ford – gut sechs Jahre zuvor – mit dem Capri den wichtigsten Image-Schub in der Geschichte der Marke gestartet. Das Coupé beschleunigte das Renommee weg vom Altherren-Mief.
Mit dem Capri wiederholte sich eine Kauf-Hysterie, wie sie Ford in Amerika einst mit dem Mustang ausgelöst hatte: Die Mixtur aus Großserientechnik und Sportwagenoptik ließ Zehntausende deutscher Familienväter bei ihren Kreditsachbearbeitern vorstellig werden.
Gegen Mitte der siebziger Jahre litt der Capri dagegen unter einer Erscheinung, die Mode-Coupés noch heute früh ins Abseits driften lässt: Nach einem unglücklichen Modellwechsel war er über Nacht zum Langweiler geworden.
Seit 1973 hatte Ford den Capri II produziert – eine Weiterentwicklung, deren Design sich in den Augen heutiger Capri-Fans zu den geschmacksfreien Entwürfen jener Jahre zählen darf. Die sachlichen Siebziger trafen die Rundungen der sechziger Jahre und gingen mit ihnen eine Symbiose ein, die sich mülltütenblauem Originallack am trefflichsten unterstreichen ließ. Gelungen war erst wieder der dritte Capri – jene Coupé-Generation, mit der Ford den B-Manta konterte. Ihr waren zwar nicht mehr die Verkaufszahlen der frühen Jahre beschieden, dafür aber das längste Leben aller Capri-Versionen. Es gab sie neun Jahre lang zu kaufen, von 1978 bis 1987.
Dass sich die längst angestaubte Capri-Linie der dritten Art ohne Karriereknick in die Neuzeit retten konnte, hatte Ford einem Mann zu verdanken, mit dessen Stil-Gefühl sich schon Bundestagsdebatten befasst hatten. Robert »Bob« A. Lutz, ein quirliger Mittvierziger, hatte vor seiner Ford-Zeit den grellen Auftritt als BMW-Verkaufschef ge-

Historie

1969
Ende Januar: Vorstellung des Capri in der Bonner Beethoven-Halle. Die Entwicklung des Coupés hatten sich die deutsche und britische Ford-Dependance geteilt. Ford verkauft bis Mai 1969 über 30 000 Capri-Exemplare. Der Capri I ist mit Motoren von 50 bis 150 PS lieferbar.

1973
Ford präsentiert kurz vor Weihnachten den modernisierten Capri II mit Heckklappe, neuem Interieur und gestraffter Form.

1976
Unter dem Druck sinkender Verkaufszahlen stattet Ford alle Capri-Modelle reichhaltiger aus.

1978
Der Capri III erscheint im März.

1981
Ford streicht das 3,0 Liter-Modell, statt dessen erscheinen der 2,8 und der 2,8 Turbo.

1987
Produktionsstopp im März: Ford baute bis zu diesem Zeitpunkt 1,88 Millionen Capri.

▶ **Der Scheibenschwung ist ein Relikt der sechziger Jahre.**

liebt. Die Spiegelschrift auf dem Spoiler des 2002 Turbo etwa ging auf seine Initiative zurück. Mitte 1974 war Lutz nach Köln gewechselt, wo er sich mit der sogenannten »Germanisierung« der Ford-Flotte befasste: Biedere Radzierkappen warf er auf den Schrotthaufen der Firmengeschichte, Chrom ließ er mattschwarz spritzen in der Farbe seines Porsche-Chronometers, dessen Stil Lutz zum Maßstab des Kölner Flottendesigns ausgerufen hatte.

Für den Capri III hatten die Ford-Gestalter unter Designchef Uwe Bahnsen nach Kräften in den schwarzen Farbtopf zu greifen. Die Längslamellen des Kühlergrills trugen die Wappenfarbe der neuen Potenz ebenso wie die Fensterrahmen und das Armaturenbrett. Statt der viereckigen Frontscheinwerfer blickte der gereifte Breitensportler seine Kundschaft aus runden H4-Doppelscheinwerfern an. Und natürlich reckte er auch einen serienmäßigen Spoiler aus Weichgummi in die Höhe.

Selbst in der phlegmatischen 1,6 Liter-Basisversion wölbte sich der capritypische »Power-Buckel« aus der Motorhaubenmitte. Er sollte Kraft und Drehmoment signalisieren, wo im ungünstigsten Fall nur 70 PS am Blech zerrten.

Genug konnte das den meisten Erstbesitzern natürlich nicht sein. »Es gibt praktisch kein Auto dieser Zeit, das so konsequent verbreitert, verbastelt und verhunzt wurde wie ein Capri III«, sagt Andreas Länger vom Capri-Club Karlsruhe.

Nicht wenige Dreier-Capri schienen zum Verlierer geboren. In den Fahrzeugbriefen ließ es sich lesen wie in einem Buch: jedes Jahr ein neuer Besitzer, jeder Besitzer ein paar Jahre jünger, neu eingeschweißte Fahrgestellnummern nach Unfällen, Zusatzeintragungen in der Länge mittelalterlicher Heldensagen.

Der blaumetallicfarbene 2.8 Injection, den der Capri-Experte Uwe Neubauer aus Burgstetten aufbewahrt, wirkt unter solchen Umständen wie ein Ding aus einer anderen Welt. Sein gepflegter Erstlack glänzt in der Abendsonne, seine Spaltmaße verraten den unfallfreien Ersthand-Wagen.

Das schwarzweiße Karomuster der inneren Türverkleidungen blieb makellos erhalten, ohne nachträglich eingestückelte Lautsprecher-Löcher. Es ist mit seiner bemühten Sportlichkeit vielleicht das schönste Detail am ganzen Auto: So sahen die Couchgarnituren dama-

Capri I: Von ihm träumten Millionen Familienväter.

Zu Recht legendär waren die 2,8 Liter-Motoren der späten Capri.

liger Partykeller und die Oberhemden von Schlagerstar Bata Illic aus. Und das soll erst 20 Jahre her sein? Tatsächlich, selbst der letzte aller Capri fühlt sich inzwischen nostalgisch an. Das Lenkrad mit den mattschwarzen Metallspeichen, die Drucktasten, deren Gestaltung an Dominosteine erinnert, und eine viereckige Borduhr, die aussieht, als habe sie ihr erstes Leben in einem Küchenherd verbracht – so viel greifbarer Zeitgeist ist ohne Zweifel konservierenswert.

Der Blick über das Armaturenbrett mit seinen sechs mattschwarzen Rundinstrumenten wirkt dagegen noch immer zeitgemäß. Und die Laufkultur des gealterten Modell-Athleten zeigt heutigen Rivalen, was eine Harke ist: Wenn das Radio im Stand durch die keksgroßen Originallautsprecher quäkt, sind die Lebensäußerungen des V6-Motors nur am Zittern der orangeroten Drehzahlmessernadel wahrzunehmen.

Das Triebwerk lebt noch heute vor, woher in den siebziger Jahren der gloriose Ruf der Ford-Sechszylindermotoren kam. Auf den ersten Zündschlüsseldreh ist der 160 PS starke Graugussbrocken zur Stelle. Allein seine

Capri III-Kennzeichen: runde Halogen-Scheinwerfer (links oben).

Serien-Alufelgen im Tuningstil der Achtziger (links unten).

▶ Lederlenkrad mit stählernen Speichen, runde Uhren und Schalter wie Dominosteine.

▶ Der Capri II ist heute kaum gefragt.

Trinksitten sind für heutige Begriffe nicht mehr zeitgemäß: Es dürfen gerne 17 Liter Super sein, obwohl bereits eine Bosch-K-Jetronic für die effiziente Dosierung des Lebenssafts sorgt.

Das sonore Brotzeln über 4000 Touren und das bullige Drehmoment verdeutlichen dagegen, dass der Sport-Trimm des späten Capri kein optisches Feigenblatt war: In neun Sekunden ist die 100 km/h-Marke erreicht. Und die Spitzengeschwindigkeit von 210 km/h wäre heute geeignet, das, Weltbild mancher BMW-Piloten zu verwüsten – wenn ein gut erhaltener Capri noch zum Gas geben reizen würde.

▶ **Ein 2,8er Capri zählt noch heute zu den agilen Autos. Er neigt zum Übersteuern.**

Heutige Fans des wilden Reiters lieben es sanft. Ein Proberitt verrät den Grund: Die serienmäßige Servolenkung arbeitet etwa so präzise wie ein Horoskop, die 205er Reifen interessieren sich für jede Spurrille. Die starre Hinterachse pariert wellige Pisten mit unmissverständlichem Stempeln. Und »Technik, die Spaß macht« könnte hier vor allem Kurventechnik sein: Der Capri gehört zu einer Generation der wilden Übersteuerer, eine Vokabel, von der die heutige Calibra-Generation womöglich noch nicht einmal gehört hat.

Vergeben und vergessen. Der Capri ist kein Sportgerät mehr. Wie es sich für einen jungen Klassiker gehört, schwärmen Kenner der Szene inzwischen vom Kauf aus Rentnerhand. Und Capri-Experte Andreas Länger rät zum Kontakt mit reifen Damen: »Die schönsten Capri kommen heute von Erstbesitzerinnen Ende 50. Die sind immer sachte gefahren und haben auf ihre Autos aufgepasst.«

Text: Christian Steiger, Peter Göbel
Fotos: Uli Jooß, Reinhard Schmid

Daten & Fakten Ford Capri III 2,8 i

▶ Motor
Sechszylinder-V-Motor, zentrale Nockenwelle, von Stirnrädern angetrieben, Ventile über Stoßstangen und Kipphebel betätigt, Bohrung x Hub 93 x 68,5 mm, Hubraum 2792 cm^3, Leistung 160 PS bei 5700/min, max. Drehmoment 220 Nm bei 4300/min, Gemischaufbereitung durch Bosch-K-Jetronic

▶ Kraftübertragung
Hinterradantrieb, Vierganggetriebe, ab 1983 Fünfganggetriebe

▶ Fahrwerk
Vorne Einzelradaufhängung an McPherson-Federbeinen, Dreieckslenker, Querstabilisator, hinten Starrachse, Blattfedern, Querstabilisator

▶ Fahrleistungen
Beschleunigung 0-100 km/h 9,0 s, Höchstgeschwindigkeit 210 km/h

▶ Bauzeit
1978 bis 1987, Produktion ab 1984 nur noch für England

▶ Club
Capri Club Deutschland e. V. 1990, Frank Wilhelm, Bonifatiusweg 40 a, 48155 Münster, Tel. 0251/624795, Fax 0251/624795

CAPRI 2.8 injection
Ford
ES X 2839

▶ Mit dem Capri III endete für Ford die Ära der populären Familiencoupés.